# Por que Falham as Reformas Administrativas?

Flávio da Cunha Rezende

# Por que falham as reformas administrativas?

FGV
EDITORA

ISBN — 85-225-0453-9



Direitos desta edição reservados à
EDITORA FGV
Praia de Botafogo, 190 — 14º andar
22250-900 — Rio de Janeiro, RJ — Brasil
Tel.: 0800-21-7777 — 0-XX-21-2559-5543
Fax: 0-XX-21-2559-5532
e-mail: editora@fgv.br
web site: www.editora.fgv.br

Impresso no Brasil / Printed in Brazil



1ª edição — 2004

REVISÃO DE ORIGINAIS: Newmar Vieira

EDITORAÇÃO ELETRÔNICA: Cristiana Ribas

REVISÃO: Aleidis de Beltran e Fatima Caroni

CAPA: Leonardo Carvalho

Ficha catalográfica elaborada pela Biblioteca
Mario Henrique Simonsen/FGV

Rezende, Flávio da Cunha
Por que falham as reformas administrativas? / Flávio da Cunha Rezende. — Rio de Janeiro : Editora FGV, 2004.
132p.

Inclui bibliografia

1. Reforma administrativa — Brasil. I. Fundação Getulio Vargas. II. Título.

CDD - 353.073

# SUMÁRIO

# AGRADECIMENTOS

Durante a elaboração deste livro contei com a cooperação de muitas pessoas e instituições, sem as quais seria praticamente impossível sua realização.

O professor Theodore Lowi, na Cornell University, que prefacia o livro, foi, sem dúvida, seu principal orientador, e muitos dos *insights* nestas páginas aconteceram durante os anos em Ithaca, nos cursos de políticas públicas. Ao caro professor Robert Stern (*in memoriam*) agradeço a dedicação ao me apresentar a noção de falha seqüencial e o estudo das políticas públicas como organizações. John Forester foi peça-chave na concepção desta obra e apoio durante sua elaboração.

No Brasil, sou extremamente grato às orientações, sugestões e recomendações de Marcus André B. C. de Melo, Fernando Luiz Abrúcio e Jorge Zaverucha (que me sugeriu a Editora FGV para a publicação do trabalho), bem como à decisiva cooperação do professor Luiz Carlos Bresser-Pereira durante o estágio de pesquisa de campo em Brasília, em 1998. No Ministério da Administração Federal, gostaria de agradecer a Ângela Santana, Humberto Falcão Martins, Lúcia Munich Barreto, Ciro Christo, Selene Marinho e Maria Helena Rodrigues. Na Casa Civil, agradeço aos amigos Ivanildo Tarja Franzozi e Sérgio Tiezzi.

Entre outros grandes amigos a quem expresso minha gratidão pelo apoio, estão Henrique Araújo de Morais e Chi Chao Chang, em Ithaca. Em Recife, sou grato aos bons momentos proporcionados por Ronald Vasconcelos, Jordelan Gabriel, Gerson Batista, José Alexandre Ferreira Filho, Carlos Santana, Ítalo Fittipaldi, Saulo Souza e Teófilo Quaresma, e aos colegas do Programa de Pós-Graduação em Ciência Política da Universidade Federal de Pernambuco.

Finalmente, agradeço o apoio dos meus pais, Ubiracy Rezende (*in memoriam*) e Ioline Pereira da Cunha, que, de forma generosa, apoiaram decisivamente o meu esforço acadêmico desde os momentos iniciais de minha formação.

# PREFÁCIO

Enquanto eu me preparava para escrever este prefácio, o presidente George W. Bush apresentava uma proposta ao Congresso para a criação de um novo departamento de segurança interna. Esta seria a mais ambiciosa reorganização administrativa nos EUA desde 1946, quando o presidente Truman criou o Departamento de Defesa, a CIA, a NSA, a Força Aérea, o Conselho de Segurança Nacional e, ao mesmo tempo, reuniu no novo departamento as outras agências de áreas correlatas, tais como o Exército, a Aeronáutica e os Fuzileiros Navais (Marine Corps).

O novo departamento de segurança interna reuniria todas as agências relacionadas, em parte ou integralmente, à questão da segurança. O número estimado de agências a serem fundidas iria de 25 a 70, pela dificuldade de se chegar a um consenso sobre como quantificar as divisões. De toda forma, informações oficiais falam em 170 mil funcionários e um orçamento anual estimado em US$37,5 bilhões.

Na realidade, o objetivo da reestruturação americana é muito mais simples do que o da proposta do Ministério da Administração Federal e Reforma do Estado (Mare) e de muitas outras reformas administrativas em geral, porque estas têm objetivos caracterizados pela dualidade e pela contradição de fazer o governo "custar menos" e "trabalhar melhor". O objetivo do novo departamento proposto pelo governo americano é apenas o de "trabalhar melhor", independentemente de "custar menos".

As chances de sucesso não são maiores do que as do Mare. O Congresso não ousaria recusar a proposta do presidente Bush, ainda que, todavia, a reestruturação esteja fadada ao fracasso. Em primeiro lugar, as três agências mais importantes para a segurança nacional – a CIA, o FBI e a NSA – *não foram incluídas na fusão proposta.* Em segundo lugar, o novo departamento seria um "cliente" dessas três agências-chave, mas o novo secretário não teria autoridade direta sobre as mesmas. Ademais, como conseqüência direta desses dois aspectos, o objetivo do novo departamento era inserir um nível administrativo inteiramente novo, um novo processo de análise de inteligência e um novo mecanismo de recomendação política *entre* as agências já em operação e a Casa Branca. O presidente americano terá seu plano adotado, mas nem todo o respaldo que consiga a sua iniciativa, inclusive os altos índices de apoio pela opinião pública, pode fazer com que o plano seja bem-sucedido.

Os brasileiros que conhecem mais de perto a experiência do Mare, especialmente aqueles que lerem este livro, retrucarão: "nós já vimos isso muitas vezes"; e, certamente, a questão que vão colocar é: "como os americanos não percebem o caminho que estão tomando nesta reforma"?

De forma análoga ao processo de "unificação" das Forças Armadas nos anos 1940, a criação de um departamento de segurança interna foi proposta com base na teoria (ou ideologia) administrativa da *departamentalização*, segundo a qual agências com funções ou responsabilidades correlatas "funcionam melhor" se agrupadas sob um mesmo comando.

Na realidade, a departamentalização é a aplicação de um princípio de organização exatamente oposto àquele que aparentemente foi utilizado na reforma administrativa brasileira, um princípio que Rezende caracterizou como "um modelo descentralizado no qual as agências administrativas operam com maior autoridade e controle sobre seus orçamentos e seus recursos humanos". Além do mais, ele afirma, este princípio foi aplicado amplamente na reforma brasileira como uma reação ao "notório baixo desempenho da velha lógica da responsabilidade centralizada. (...) Após quatro anos de tentativas voltadas para introduzir um novo padrão de delegação e controle, o Mare foi extinto e a reforma perdeu muito de seu ímpeto".

De forma curiosa, duas teorias opostas – a departamentalização nos EUA e a descentralização no Brasil – foram marcadas pelo signo do fracasso. Certamente, os leitores que têm alguma familiaridade com a literatura de administração pública e teoria organizacional se recordarão das críticas feitas contra os princípios gerais, bem como dos problemas decorrentes de sua aplicação nas reformas.

Em um artigo escrito no início da carreira, o prêmio Nobel Herbert Simon levantou essa questão de forma vigorosa. Ele identificou vários princípios administrativos, caracterizou-os como "provérbios" e produziu uma crítica que virtualmente destruiu a "teoria das organizações" que havia prevalecido durante os anos 1920 e 30. O ataque foi simplesmente devastador: "um fato sobre provérbios e que os torna ainda mais citáveis é que eles contêm pares mutuamente contraditórios. 'Olhe antes de pular', mas 'quem hesita está perdido'". Simon, então, passou a demonstrar que para cada um desses provérbios havia, de fato, um oposto. Ele demonstrou essa relação contraditória através de casos disponíveis. Atacou, em particular, o debate sobre centralização *versus* descentralização, concluindo que, na realidade, "se, por um lado, a centralização das funções de tomada de decisão é desejável, por outro, existem claras vantagens na descentralização".

Simon teve êxito demais em sua crítica, mas parou antes de liquidar a teoria administrativa ou organizacional, ao juntar-se a Chester Barnard, seu mentor. Simon se questionou sobre se algo poderia escapar de sua crítica. Encontrou a resposta ao afirmar que esses "princípios" deveriam servir como "critérios para descrever e diagnosticar situações no mundo real das reformas". Para ele, o perigo residia "na utilização de critérios isolados (...) para se fazer recomendações (...) Uma abordagem válida exigiria que todos os critérios relevantes para um diagnóstico fossem devidamente identificados [e] que cada situação administrativa fosse analisada com base em um conjunto de critérios".

Isto se aplica muito bem ao que Barnard defendeu durante toda a sua carreira na iniciativa privada e que ficou imortalizado em seu livro de 1938, *The functions of the executive*. Ele lamentava que o estudo das organizações formais tivesse sido negligenciado em favor da ênfase na abordagem de questões ambientais, tecnológicas e psicológicas. A partir de sua experiência prática e teórica, Barnard argumentava que o "interesse central" de seu livro seria "o processo" pelo qual o ajuste organizacional é conseguido. Também por esta perspectiva, o estudo do fracasso organizacional é tão esclarecedor quanto o estudo do sucesso organizacional. Além do mais, é a experiência efetiva de cada organização, "como uma organização", que deve ser o critério definitivo no estabelecimento de qual princípio (ou quais princípios) de reorganização administrava e reforma deve ser aplicado.

Este livro é o estudo de um caso de fracasso, em particular, e de por que isso aconteceu. Como com os presidentes Truman e Bush, essa reforma ambiciosa teve o apoio do presidente brasileiro; e todos tinham consciência de que a frágil democracia estava em jogo. Este livro examina atentamente todos os fatores que compõem a organização formal de cada uma das agências em discussão. E fornece a descrição necessária para a contextualização da inter-relação das questões e princípios que agem dentro e sobre essa organização. Em outras palavras, o livro é consistente com a ressalva de Barnard à crítica de Simon, ou seja, que o *centro de interesse* esteja no processo, que é basicamente político. Com toda a certeza, esse livro confirma o quanto pode ser aprendido com o estudo do fracasso. A boa notícia é que governos e agências governamentais fornecem casos de fracasso em abundância.

Entretanto, não importa se um estudo trata do fracasso ou do êxito. Nosso aprendizado será de pouco valor se não pudermos redefinir o que aprendermos em conceitos e proposições que escapem da singularidade de uma experiência. O sábio tem 20 anos de experiência; o tolo tem um ano de experiência 20 vezes. Mas como podemos ter o conhecimento do sábio sem cair na armadilha das generalizações de Simon, que têm a aparência superficial de um princípio mas a trágica deficiência de provérbios, o destino de truísmos iguais e opostos? Simon nos advertiu que deveríamos converter princípios em "critérios para descrever e diagnosticar situações administrativas", o que significa que, na realidade, não temos princípio algum. Ficaríamos apenas com proposições sobre administração que seriam submetidas à verificação científica – o que, para Simon, tornou-se a "ciência da administração" pela qual ele ganhou seu prêmio Nobel. Contudo, para aqueles que buscam reformas administrativas, isso não implicaria o perigo de nos levar de volta ao ponto de partida?

Rezende pode ser acusado de ter sido excessivamente atento às advertências de Simon e, conseqüentemente, ter-se prendido ao seu estudo de caso. Todavia ele teve a coragem necessária para se liberar das recomendações do grande Simon em seu livro. *Por que falham as reformas administrativas?* fornece uma ampla e sólida base para uma teoria da mudança administrativa, ou seja, uma teoria das reformas administrativas. Rezende formula proposições que podem ser verificadas com base nas suas próprias descobertas empíricas. Com uma abordagem correta, ele converte tais proposições em princípios aplicáveis à reforma que não são provérbios, mas sim os mecanismos causais que explicam o insucesso ou o êxito nas reformas. O principal ensinamento dessa teoria é o de que não devemos evitar princípios gerais, mas explorar as condições sob as quais um determinado princípio é mais aplicável.

O problema com esses princípios originais que Simon deplorava não era por serem baseados em pares contraditórios, como provérbios, mas sim que cada princípio não era enunciado de forma que se reconhecem os limites de sua aplicabilidade. Em que classe de casos um dado princípio particular se aplica? Ou, quando confrontado com uma experiência singular, você tem que se perguntar: esse caso é de qual tipo?

O Brasil tentou implementar reformas administrativas abrangentes muitas vezes e falhou um igual número de vezes. Mas agora tem uma diferença: o livro de Rezende. Sua crônica de toda a história fornece um caminho para o exame das condições sob as quais cada princípio é aplicável. Em outras palavras, o livro fornece os meios para se determinar a gama finita, freqüentemente estreita, de casos aos quais se aplica cada um de seus argumentos explicativos.

Depois de uma vida dedicada ao estudo e à docência em administração pública, Herbert Kaufman (da Universidade de Yale e da Brookings Institution) publicou um pequeno livro com um título grandioso: *Are agencies imortal*? Embora não nos forneça nenhuma resposta explícita, Kaufman deixou fortemente subentendido que "sim". Conhecendo-o como mentor e amigo, imagino que ele gostaria de ser convencido do contrário – pelo menos no sentido de "não necessariamente".

Embora esse livro seja um trabalho crítico pontuado por detalhes pouco animadores, pude extrair dele a mensagem de que "deveríamos tentar outra vez". Só que dessa vez não se venha com um consenso político "*a la* Bush" para se "fazer alguma coisa".

Uma das grandes virtudes da democracia é a disposição para a ação. De fato, existe no EUA um velho e respeitado lema: "Não fique aí parado. Faça algo". Dessa forma, foi preciso muita coragem para Adlai Stevenson, candidato democrata em 1952 e 1956, no início da Guerra Fria, aconselhar cautela com um lema contrário: "Não faça simplesmente qualquer coisa. Fique aí parado". Da próxima vez que uma reforma entrar na agenda, no Brasil, nos EUA ou em qualquer outro lugar, arrumemos a coragem de parar e fazer as perguntas certas.

*Theodore J. Lowi*
Cornell University

# INTRODUÇÃO

Este livro focaliza um dos temas mais relevantes do nosso tempo, que é a falha seqüencial das políticas de reforma do Estado. Além disso, ele busca desvendar as razões pelas quais as políticas públicas[1] dificilmente atingem os resultados esperados pelos seus formuladores no plano da implementação. A falha seqüencial nas políticas públicas é um fenômeno típico que ilustra por que políticas destinadas a combater a inflação, reduzir a pobreza e reformar as instituições, por exemplo, atingem resultados inesperados, são abandonadas, apresentam descontinuidade ou acabam totalmente modificadas. Essa é uma das mais vívidas e recorrentes questões no estudo das políticas públicas e constitui tema de central importância neste livro.

*Por que falham as reformas administrativas?* se volta para a análise do caso específico das reformas administrativas[2] que são amplamente reconhecidas na literatura

[1] Estou utilizando a expressão "políticas públicas" no sentido mais amplo, como o Estado em ação. Mais especificamente, estou utilizando o termo de acordo com a definição clássica oferecida por Lowi (1985), correspondendo a "uma regra formulada por alguma autoridade governamental que expressa uma intenção de influenciar, alterar, regular, o comportamento individual ou coletivo através do uso de sanções positivas e negativas". Nessa perspectiva, as políticas públicas são entendidas como a materialização das intenções do Estado para atingir objetivos coletivos através de programas e projetos governamentais, tais como o combate à pobreza, a criação de novos impostos, o controle da poluição e, no caso específico das reformas administrativas, a intenção de elevar a performance dos sistemas administrativos.

[2] A expressão "reformas administrativas" tem vários significados, tal qual aponta Caiden (1991). Neste trabalho, especificamente, ela será utilizada mais próximo de duas definições correntes que variam de acordo com sua amplitude. A primeira, sugerida por Hammergren (1983), adota uma perspectiva mais estreita que considera as reformas "mudanças planejadas" nos processos e nas estruturas de organização e funcionamento do aparato burocrático, com o propósito último de alterar sua performance. A segunda, de corte mais amplo, é aquela oferecida por Turner e Hulme (1997) e que relaciona as reformas administrativas a mudanças nas práticas, comportamento e estruturas burocráticas, com o objetivo último de tornar o aparato burocrático um instrumento mais efetivo e eficiente na promoção da mudança social, da igualdade política, da justiça social e do crescimento econômico, isto é, de uma melhor performance do Estado em ação.

como políticas públicas que raramente conseguem atingir os resultados pretendidos, ou seja, elevar a performance do aparato burocrático do Estado.

O conhecimento acumulado sobre reformas administrativas[3] demonstra que estas são muito freqüentemente interrompidas, sofrem descontinuidade ou, mesmo, terminam reorganizadas. Novas reformas são formuladas para lidar com velhos problemas de performance, e dificilmente conseguem a melhoria substancial do desempenho dos sistemas burocráticos, que é seu objetivo último. Problemas quanto ao desempenho persistem e a demanda por mais reformas continua a gerar mais reformas. Neste livro, esse problema será denominado falha seqüencial nas reformas administrativas.[4]

Um amplo e diversificado conjunto de explicações para tal fenômeno se encontra disponível na vastíssima literatura sobre as reformas administrativas. À luz desse arsenal de explicações e partindo do estudo *in loco* de uma organização implementando uma reforma administrativa no Brasil, este livro pretende apresentar uma explicação adicional e inovadora para o problema. A explicação adicional parte do princípio de que as reformas administrativas trazem em si uma contradição entre seus dois principais objetivos – o ajuste fiscal e a mudança institucional –, a qual gera problemas de cooperação simultânea entre esses dois objetivos, ocasionando a falha.

Aqui, as políticas de reformas administrativas são consideradas políticas que visam, em última instância, a melhoria (ou elevação) da performance de um dado sistema burocrático. Fundamentalmente, essas políticas são tentativas de reorganizar o controle burocrático através do ajuste fiscal (ou, de um ponto de vista mais abrangente, a eficiência e a racionalidade dos custos) e da mudança institucional

[3] A natureza e a lógica das políticas de reforma administrativa nos anos 1990 serão discutidas em capítulo específico neste livro. Neste ponto, é necessário explicar que as reformas orientadas pela performance são em muito diferentes das políticas anteriores de reformas administrativas no setor público, sobretudo pela introdução do componente ajuste fiscal e de sua importância relativa em tais políticas. A grande crise cíclica no padrão de intervenção estatal no mundo desenvolvido e em desenvolvimento foi em muito provocada pela chamada "crise fiscal do Estado", o que apressou em muito a concepção de reformas, tais como elas emergiram com o apelo fortíssimo pelo "equilíbrio e racionalidade" nos custos com a burocracia pública.

[4] Neste estudo, estou utilizando o termo "falha" em dois sentidos. No primeiro, está relacionado diretamente ao evento de término do Mare. Em segundo lugar, está relacionado ao fato de a reforma não conseguir implementar, como desejado, os objetivos de ajuste fiscal e de mudança institucional. No primeiro caso, o termo "falha" está sendo utilizado como significando extinção. Eu estou alinhado com Larson (1980), que considera que a falha em uma política pública pode vir a tomar quatro formas distintas: reorganização, extinção, emendamento e novas orientações. A extinção do Mare é uma evidência empírica no sentido da falha. No que diz respeito à não-implementação dos objetivos pretendidos, estou especificamente utilizando o termo "falha" como relacionado ao grau com que cada um dos objetivos propostos na reforma foi alcançado.

(em um sentido mais amplo, a criação de instituições formais e informais no interior do sistema burocrático, dotadas de maior flexibilidade, responsabilidade e capacidade de garantir "maior retorno" ante a demanda). O modo específico pelo qual uma dada reforma pretende alterar a organização do controle tem relação direta com a falha da reforma. A explicação é simples, pois ao mesmo tempo que o ajuste fiscal usualmente requer um maior controle sobre o sistema burocrático, a mudança institucional, sobretudo em contextos de maior demanda por descentralização, requer menos controle sobre a burocracia. A tensão entre estas diferentes exigências quanto ao controle é um dos pontos críticos na implementação das reformas.

O estudo desenvolvido neste livro focaliza, ainda no âmbito das reformas administrativas desenvolvidas a partir de meados dos anos 1980 nas economias avançadas, aquilo que vem se constituindo em uma nova onda de reformas, ou em uma onda "global" de reformas. Essa nova onda de políticas de reformas administrativas tem sido inspirada no que se convencionou chamar de Nova Gestão Pública (*New Public Management*), a qual chama a atenção para um imperioso redirecionamento dos paradigmas da gestão burocrática visando a gestão orientada pela performance. Nesse sentido, as reformas dos anos 1990 têm sido conduzidas para orientar progressivamente os aparatos burocráticos na direção de menores custos e mais resultados, de uma melhor performance, ou no sentido literal do termo, *work better and cost less*. Assim, os dois objetivos últimos da reforma administrativa voltada para a performance seriam:

- ajuste fiscal – com a implementação de mudanças no controle do aparato burocrático e nos seus mecanismos de funcionamento, visando a redução dos custos e uma elevação da eficiência;
- a mudança institucional – com o objetivo de promover alterações na estrutura de controle, no sentido de mudar os mecanismos formais (mudanças constitucionais, na estrutura formal, no sistema de carreiras, nas funções das agências administrativas) e informais (cultura burocrática) que afetam positivamente a performance dos sistemas burocráticos.

Nas reformas dos anos 1990, e mais particularmente no estudo que se desenvolve neste livro (a partir da implementação da política de reforma administrativa brasileira de 1995, através do Ministério da Administração Federal e da Reforma do Estado – Mare), a questão da falha será examinada do ponto de vista da cooperação e da não-cooperação de atores estratégicos com os dois objetivos perseguidos pela reforma. No caso em análise, o ajuste fiscal foi associado diretamente a certos modos específicos de técnicas como a privatização, a redução do tamanho do Estado e o corte de despesas. A mudança institucional, no entanto, ficou associada à criação de novas instituições – as organizações sociais e as agências executivas, conhecidas na literatura como *performance-based organizations* (PBOs) – no interior da administração pública brasileira, dentro de um novo modelo de articulação e controle entre as agências centrais e descentralizadas.

O estudo conclui que o Mare não conseguiu a cooperação simultânea com esses dois objetivos e que, portanto, trata-se de um caso de reformas incompletas, onde o ajuste fiscal foi preponderante. O Mare foi extinto em 1999 e a política de reforma foi transferida para o Ministério do Planejamento e Gestão, perdendo muito da sua centralidade e ímpeto. A reforma atendeu em muito à questão da redução dos custos, sendo pouco efetiva na questão da criação de um novo redesenho institucional para a administração pública voltada para a performance. Esse resultado confirma o conhecimento prévio sobre esse fenômeno e mostra que a reforma atingiu parcialmente seus objetivos pretendidos.

O propósito de estudar essa reforma parcial promovida pelo Mare é desvendar as forças e os mecanismos que potencializam a organização da resistência das agências do governo quando uma mudança na estrutura e na organização do controle visando a melhoria da performance é levada a cabo por uma determinada administração. É o que ocorre no Brasil, que desde Vargas vem implementando reformas diante de problemas de performance no aparato burocrático. A análise realizada neste livro procura entender as razões, por parte das agências administrativas, da cooperação e da não-cooperação com os objetivos de mudança institucional e ajuste fiscal. Mais do que isso, visa compreender o problema da falha seqüencial das reformas administrativas, que é o interesse central deste livro.

A explicação adicional oferecida neste livro parte da premissa de que a falha seqüencial nas reformas administrativas é conseqüência de um problema característico dessas políticas de reformas, o qual denominarei "problema do controle". Esse problema ocorre a partir de um tipo específico de contradição que emerge quando reformas buscam alterar a estrutura do controle. A contradição presente nas reformas administrativas é a de que, *ao mesmo tempo que* as tentativas de ajuste fiscal exigem um esforço considerável de ampliação dos mecanismos de controle sobre o aparato burocrático, as mudanças institucionais visam a flexibilização desses mecanismos, dando mais autonomia, autoridade e responsabilidade às entidades descentralizadas para o gerenciamento e uso dos recursos orçamentários e humanos, no sentido de ampliar a performance (especialmente aquela que envolve descentralização) demandando, por conseguinte, um controle menor. Nesse sentido, existe um conflito de interesses entre a agência que implementa as reformas e as agências que são alvo das reformas. A percepção que os atores envolvidos no processo têm da demanda de controle, considerando-se cada um dos objetivos da reforma, potencializa as chances para a falha ou o sucesso da mesma.

Especificamente, nas reformas administrativas dos anos 1990, esse é um dilema crucial de implementação. É exatamente nessa tensão entre maior e menor controle que está a raiz dos problemas de implementação das reformas administrativas. É justamente esse paradoxo que gera conflitos de interesses e em torno do qual se configura a resistência organizada dos atores a tais reformas, conforme será explicado adiante.

Para a agência que formula e implementa a reforma, a melhoria da performance depende de que os dois objetivos sejam alcançados. Por outro lado, as organizações que detêm autoridade sobre o controle (as agências controladoras, como serão chamadas ao longo deste livro) consideram que a performance é mais diretamente associada ao ajuste fiscal do que à mudança institucional, dado que essas organizações entendem o controle como o mecanismo decisivo para a melhoria da performance. A mudança institucional na direção da descentralização é freqüentemente vista como uma ameaça à ordem burocrática. A descentralização é percebida pelas agências controladoras como uma "perda do controle" sobre os recursos orçamentários e humanos, e, neste sentido, propensa a gerar ineficiência e problemas de performance. Portanto, conseguir cooperação para a mudança institucional aparece como o ponto nevrálgico da implementação das políticas de reformas administrativas. Quanto mais a reforma propõe alterar os mecanismos de controle numa dada ordem institucional, menores são as chances de implementar a reforma. O modo específico pelo qual os diversos atores envolvidos na reforma percebem a relação entre controle e performance cria os incentivos à cooperação ou à resistência à reforma, sendo um mecanismo crucial para explicar a falha.

Quando as diversas agências administrativas que são alvo das reformas percebem que as mudanças propostas pelas reformas trabalham no sentido contrário aos seus interesses, elas tendem a tornar a cooperação problemática e se organizam contra a reforma. O controle, e não a performance, é a motivação central das agências administrativas. A disponibilidade das agências administrativas em cooperar para o ajuste fiscal e a mudança institucional é a pedra de toque para explicar o sucesso ou a falha de uma reforma.

As agências controladoras tendem a resistir a alterações bruscas na estrutura de controle e, quanto mais decidido for o propósito de descentralização, maior a resistência à reforma. Esse comportamento parece paradoxal à medida que a descentralização exige uma forma mais sofisticada de controle sobre as agências administrativas, e não necessariamente menor controle. Em alguns casos, as outras agências administrativas percebem que a alteração na estrutura de controle é um risco, uma vez que possibilita a perda da proteção das agências controladoras no governo.

O problema do controle é considerado aqui o fator central para explicar a não-cooperação com a nova matriz institucional proposta pela reforma administrativa de

1995. Os resultados da análise sugerem que o Mare obteve a cooperação das principais organizações do governo para os objetivos de ajuste fiscal e enfrentou a resistência para a criação das organizações sociais e agências executivas. A razão para tal padrão de resposta à reforma pode ser explicada. As agências controladoras se opuseram às mudanças mais ambiciosas no modelo de delegação e controle proposto pela reforma, sobretudo com relação à proposta de descentralização do controle sobre os recursos orçamentários e sobre a gestão dos recursos humanos para as PBOs. Por sua vez, aquelas agências administrativas alvo das transformações resistiram à nova proposta, pela simples razão de que essa flexibilização e regulação pela performance poderiam implicar perdas, principalmente orçamentárias. Os supostos ganhos de autonomia, autoridade e flexibilidade propostos pela reforma não foram suficientes para motivar um maior engajamento das agências administrativas na transformação institucional. A resistência à transformação institucional foi percebida como uma ameaça e, em última instância, produziu a falha na reforma. Ajuste fiscal e mudança institucional se mostraram altamente conflitantes no caso do Mare, embora possam não o ser em outros contextos. Pode-se inferir que em alguns casos bem-sucedidos a alteração no controle não seja tão percebida como conflitante, como o foi no caso brasileiro. Contudo, o problema do controle se mostrou decisivo para explicar a falha no caso do Mare e, certamente, é um fator central para a compreensão dos sucessos e falhas nas reformas administrativas de modo geral.[5]

O caso brasileiro revela ainda que quando há grande interesse pelo ajuste fiscal, como também nos casos em que as agências administrativas dependem fortemente de recursos orçamentários, a questão da mudança institucional é percebida como secundária, sendo obstaculizada. Quando essas duas condições estão presentes, a performance parece estar mais de perto associada à manutenção institucional (ou mudança gradual das instituições e do padrão de controle) e ao ajuste fiscal, não com mudança radical das instituições e regulação via performance.

São várias as principais implicações deste estudo para a teoria e a prática em outros contextos. Primeiro, é que parece ser razoável sugerir que os interesses em uma reforma se organizam em torno das questões diretamente ligadas às alterações nos mecanismos de controle e não aos ganhos de performance. O modo pelo qual mudanças nas estruturas de controle são percebidas pelos diversos atores é a principal fonte de cooperação ou resistência. O modo pelo qual os atores percebem os futuros custos e os benefícios potenciais gerados pelas políticas de reforma é fun-

[5] Discutirei em capítulo específico deste livro a natureza e a lógica dessas modalidades de políticas de reforma administrativa. Aqui, é necessário esclarecer que essas reformas voltadas para a performance diferem completamente das reformas anteriores do setor público e começaram a ser implantadas através de programas de caráter nacional no final dos anos 1980.

damental para explicar o comportamento diante das reformas. Quando as agências administrativas percebem que o ajuste fiscal não é antagônico à mudança institucional, elas podem cooperar simultaneamente com os dois objetivos, reduzindo as chances de falha.

A outra implicação quanto à cooperação das agências administrativas com a transformação institucional é a de que os supostos ganhos em termos de *accountability*, eficiência e efetividade não são os principais elementos motivadores da cooperação com as mudanças propostas. A contradição entre ajuste fiscal e mudança institucional, especialmente em situações de reduzida performance, inibe o potencial para cooperação, e, em última instância, produz o problema da falha. Nesses casos, é muito mais freqüente que reformas sejam abandonadas, reformuladas, e que os persistentes problemas quanto à performance permaneçam intocáveis, levando à demanda permanente por novas reformas.

No capítulo 1 deste livro discute-se a lógica e a natureza das políticas de reformas administrativas orientadas pela performance nos anos 1990. No capítulo 2 é apresentado o conjunto de explicações para o problema da falha seqüencial nas políticas de reforma administrativa. O capítulo 3 se volta para a análise da experiência histórica das reformas administrativas no período 1930-95, com especial atenção para o problema da falha seqüencial. O capítulo 4 aborda a questão da resistência coletiva dos atores à política de reforma administrativa do Mare, destacando o problema da não-implementação da Câmara da Reforma do Estado e suas implicações no que se refere à cooperação com os objetivos pretendidos pela reforma. Nos capítulos 5 e 6, a atenção se volta para a discussão das razões da cooperação dos atores estratégicos com o ajuste fiscal e da não-cooperação com a mudança institucional proposta pela reforma. A análise mostra que tal padrão de cooperação com a reforma foi gerado pelo dilema do controle, o qual foi decisivo para explicar por que o Mare foi extinto e, além disso, por que as reformas administrativas sofrem do problema da falha seqüencial.

As conclusões incluem recomendações e as implicações de outros casos de reforma administrativa no setor público.

CAPÍTULO 1

# A NATUREZA E A LÓGICA DAS POLÍTICAS DE REFORMA ADMINISTRATIVA NOS ANOS 1990

Neste capítulo são discutidos aspectos referentes à natureza e à lógica da nova onda de políticas de reformas administrativas que vêm sendo implementadas em diversos países desde meados dos anos 1980, com o propósito de elevar a performance dos aparatos burocráticos nos países desenvolvidos e nos países em desenvolvimento, dos quais o Brasil é um caso particular. Esses aspectos são discutidos tomando como exemplos duas políticas de reformas que se tornaram paradigmáticas: o programa Next Steps na Inglaterra e o programa National Performance Review[6] nos EUA. À luz dessas experiências, discute-se a reforma brasileira de 1995.

## A razão das reformas administrativas nos anos 1990

A demanda por políticas de reformas administrativas nos anos 1990 representa um fenômeno recorrente tanto nos países desenvolvidos quanto nos países em desenvolvimento. Rapidamente, os governos contemporâneos se alinharam em torno de um interesse "global" (Kettl, 1999) em reformar, reorganizar e reinventar os aparatos burocráticos, visando fundamentalmente a elevação da performance através dos princípios de *cost less and work better*. As reformas administrativas (ou reformas do setor público) tornaram-se componente de alta centralidade nas agendas contemporâneas de políticas públicas nos anos 1990. Existem várias razões para essa nova onda de reformas, a principal delas parece residir numa resposta dos Estados nacionais a um generalizado declínio de performance. A insatisfação generalizada com os resultados produzidos pelo modelo keynesiano de desenvolvimento e a paralela emergência das ideologias pró-mercado a partir dos anos 1980

---

[6] Para uma análise da política de reforma administrativa no governo Clinton, ver Rezende (1998).

tornaram clara a necessidade de revisar os padrões de intervenção do Estado na economia e na sociedade. A crise generalizada do padrão de *welfare State*, bem como do modelo burocrático de gestão dos recursos públicos, produziu uma demanda crescente por reformas. O declínio da performance dos Estados nacionais em atender com eficiência e efetividade as demandas sociais por bem-estar, por desenvolvimento social e econômico, e, sobretudo, a crise fiscal do Estado produzida por tal modelo impulsionaram a mudança.[7]

As políticas de reforma administrativa nos anos 1990, centradas na idéia de reduzir e transformar o papel dos Estados nacionais, aparecem como mecanismos necessários para superar os recorrentes problemas de performance apresentados pelo modelo burocrático de intervenção estatal, tais como centralização, burocratização, excessiva regulação e a inexorável propensão dos governos e de sua burocracia para expandir seu tamanho e aumentar os gastos. Tais problemas de performance teriam gerado nada mais do que inflação, crise fiscal e incapacidade de lidar com novas demandas sociais e econômicas. Mais do que em qualquer outro período histórico, o Estado havia atingido custos proibitivos à performance.

A partir de dados oficiais para países da OCDE, Tanzi e Schuknecht (2000) demonstram tal evidência empírica para algumas dimensões de análise, a qual é muito similar ao caso dos países em desenvolvimento. Em primeiro lugar, eles mostram que, no que se refere especificamente ao nível dos gastos, a média dos gastos públicos era de 13,1% do produto interno bruto (PIB) no início do século passado (cerca de 1913), atingindo o patamar de 45,0% em 1996, o que indica um crescimento bastante acelerado na magnitude das despesas públicas e um crescente padrão de intervenção pública em um amplo leque de atividades sociais e econômicas.

No que diz respeito ao crescimento do tamanho do Estado, medido em termos do emprego no setor público, os dados analisados pelos autores também indicam uma expansão significativa da intervenção pública. O emprego no setor público se expandiu do percentual de 3,7 para 18,4% do emprego total no mesmo período. O governo também expandiu consideravelmente suas atividades como provedor de subsídios e transferências. Em 1930, a média dos gastos governamentais nestas funções era de 4,7% do PIB, passando para 23,2% em meados dos anos 1990.

Essa considerável expansão do setor público foi acompanhada de um desequilíbrio das contas públicas e um grande aumento da dívida pública desses

[7] A discussão sobre a crise fiscal do Estado se tornou um tema de fundamental importância na avaliação da necessidade de reformas no padrão público de intervenção. Nos anos 1970, sob uma perspectiva marxista, O'Connor (1973) desenvolveu o argumento de que o governo americano entrara numa crise fiscal. No caso da reforma brasileira, esse argumento foi trazido por Bresser-Pereira, o arquiteto intelectual da reforma administrativa de 1995. Para mais detalhes, ver Bresser-Pereira et al. (1993).

países. Em 1980, a grande maioria dos países apresentou problemas de equilíbrio de contas, traduzido em déficit fiscal. Em média, para o conjunto de países da OCDE, tal déficit atingiu a marca de -3,3% do PIB. Por outro lado, a expansão da dívida pública evidencia claramente os problemas de performance do setor público. Se em 1913 a dívida pública era em média 59,2% do PIB, em 1997 esta cresceu para o patamar de 71%, considerado o tremendo aumento do PIB no referido conjunto de países, durante o período em questão.

O Estado crescera consideravelmente e se tornara um problema. Nos países latino-americanos e para o outro grupo de países em desenvolvimento onde o Estado e o setor público haviam se tornado os principais protagonistas do desenvolvimento, esse problema ocorreu de modo similar. Por diversas matizes ideológicas emergiu uma retórica reformista, onde estava claro que o padrão de intervenção centrada no Estado havia chegado ao seu limite. Um novo padrão se fazia necessário.

Uma das respostas visíveis para tal fenômeno foi a emergência de uma agenda de reformas do setor público. Essa nova agenda, diferentemente das reformas anteriores, estava voltada para questões amplas, no sentido de uma alteração do papel do Estado, redução do seu tamanho, dos seus custos, bem como uma revisão institucional que permitisse alterar os incentivos internos do seu funcionamento. Em última instância, o que estava em jogo na nova agenda era a tentativa de transformar um modelo burocrático de intervenção pública em um modelo orientado pela performance. Kettl (1999) considera que esta busca por performance no setor público é o ponto diferencial destas reformas e que estas rapidamente assumiram uma dimensão global, onde governos passaram a se preocupar com a questão de fazer o governo funcionar melhor e custar menos.

## Ajuste fiscal e mudança institucional

Os programas de reforma orientadas pela performance que emergem nos países centrais e, posteriormente, nos países em desenvolvimento, visavam elevar a performance do setor público a partir de dois grandes objetivos interligados: o ajuste fiscal e a mudança institucional. Tornara-se evidente que a reforma dependia dessas iniciativas simultaneamente. Ao mesmo tempo que se fazia altamente necessário agir ativamente na redução dos custos, promover o equilíbrio orçamentário e, fundamentalmente, controlar a expansão dos gastos governamentais, era necessário, para as reformas, mudanças institucionais de fôlego que permitissem alterar o *modus operandi* e a organização dos sistemas burocráticos existentes. Alterar a ordem burocrática no sentido da elevação da performance dependia mais do que nunca de substanciais mudanças institucionais.

As iniciativas de ajuste fiscal nessas políticas de reforma tinham por fim lidar com questões relativas ao controle e redução dos gastos públicos através de programas nacionais de desregulamentação, privatização de funções públicas e da implantação de mecanismos de mercado (*marketization*). Essas iniciativas combinadas visavam ganhos de eficiência através de uma alteração no "papel do Estado". Programas de privatização de funções públicas, crescente redução dos gastos em programas sociais, redução dos custos com a burocracia pública e um controle mais rígido do aparato burocrático foram alguns dos alvos preferenciais dessas reformas. Estava claro, portanto, que um melhor controle sobre as contas públicas e sobre as causas do crescimento dos gastos e do descontrole das finanças públicas era ponto pacífico nas políticas de ajuste fiscal.

Por outro lado, o componente de mudança institucional nas reformas focalizou aspectos relativos à revisão dos incentivos internos das burocracias públicas, em questões de *accountability*, em mudanças na cultura burocrática, nos padrões gerenciais, bem como na criação de instituições orientadas pela performance, as *performance-based organizations* (PBOs), no sentido de permitir que a administração pública seja progressivamente voltada para resultados e performance, rompendo com a lógica burocrática de orientação pelas regras. Descentralização, flexibilidade, autonomia e orientação por resultados passaram a ser as palavras de ordem no discurso oficial das reformas dos anos 1990. Reinventar as estruturas burocráticas e seus procedimentos internos, rever as relações de controle no interior dos sistemas burocráticos e ampliar a orientação das agências públicas para um maior foco no cidadão e nas demandas sociais foram objetivos das mudanças institucionais. Mais do que isso, os esforços de mudança institucional criaram uma demanda pela criação de uma nova matriz institucional orientada pela performance. No dizer de vários autores, as novas reformas introduziram um paradigma pós-burocrático na administração pública.

A tentativa de elevar a performance na administração pública combinando ajuste fiscal e mudança institucional foi materializada em programas nacionais de reforma, entre os quais os casos da Inglaterra e dos EUA se tornaram paradigmáticos. No programa inglês de reformas, o Next Steps, os objetivos últimos eram a melhoria da performance do setor público na provisão de serviços, a redução dos custos através da reorganização das funções públicas, os cortes nos gastos com pessoal (*downsizing*), a melhoria da capacidade de gestão e a aplicação de mecanismos de mercado nas organizações do setor público.[8]

---

[8] Ferlie e colaboradores (1996) mostram que o programa inglês de reforma foi marcado por uma maciça privatização de empresas públicas, pela concepção de "gerencialismo" ou "marketização" das políticas e programas sociais com a criação das agências Next Step, pela pressão por mecanismos competitivos na provisão pública de serviços, bem como pela demanda por maior performance através de um melhor monitoramento e controle dos sistemas administrativos.

A mais importante inovação institucional trazida pelo programa Next Steps foi a criação em larga escala de um novo modelo de delegação de autoridade e de controle (o qual foi inspirado no modelo sueco de governança), onde se buscou redefinir as relações entre as funções de formulação de políticas públicas (*policy-making*) e de implementação (*service delivery*). O modelo proposto focalizou a criação de agências descentralizadas (Next Step Agencies), cujo papel central era o de prover serviços públicos (pagamento de benefícios previdenciários, por exemplo) a partir das políticas formuladas pelas agências centrais. O propósito do novo modelo era possibilitar uma maior performance das agências descentralizadas através de uma maior autonomia, *accountability* e, fundamentalmente, uma orientação pela performance. Em última análise, esse modelo descentralizado pretendia rever os mecanismos de controle burocrático entre o governo central e as unidades administrativas descentralizadas, tornando-o regulado por resultados.

Essas novas agências descentralizadas foram chamadas de *performance-based organizations* (PBOs), as quais teriam exclusivamente papéis de prestadoras de serviços públicos sob o controle das agências centrais, reguladas pelo mecanismo que se convencionou chamar de *performance agreement* (no Brasil, na reforma de 1995, este veio a ser conhecido como "contrato de gestão"). As PBOs foram a forma institucional pela qual o governo inglês materializou a tentativa de transformar o foco da administração pública no sentido da performance.

A magnitude da transformação institucional causada pelas agências Next Steps é impressionante. Elas se tornaram a principal forma de provisão de serviços públicos na Inglaterra, e isto pode ser visto em alguns números oficiais. Em 1997, 75% dos funcionários públicos trabalhavam em uma das 130 agências desse tipo. A maior das agências descentralizadas é a The Social Security Benefits Agency, com aproximadamente 75 mil funcionários (apenas a título de comparação, em setembro de 1997, a Previdência Social brasileira contava com 46.375 funcionários ativos).[9] Muitas dessas agências operam diretamente com o público, como a UK Passport Agency, enquanto outras prestam serviços ao próprio governo, como serviços de informação tecnológica e de defesa.

O modelo inglês baseado nas PBOs foi a fonte de inspiração para reformas orientadas pela performance nos EUA e no Brasil, bem como em outros países. A criação das PBOs será considerada o principal componente da mudança institucional proposta pelo Mare na reforma administrativa de 1995.

Nos EUA, o programa de reforma administrativa se pautou pelas mesmas preocupações da reforma inglesa. O interesse em elevar a performance no setor público

[9] Conforme o *Boletim Estatístico de Pessoal* do Mare (1997:46).

adquiriu forma legal no Government Performance and Results Act (1993).[10] Essa regulamentação federal moldou o National Performance Review (1993), que veio a ser o programa de reforma administrativa nos moldes considerados aqui. Os objetivos principais do programa foram o ajuste fiscal e a mudança institucional. Light (1997) argumenta que esse programa foi inspirado pelas idéias do *liberation management*, conhecida entre nós como nova gestão pública.[11] A agenda de reformas consolidou a necessidade imperiosa de elevar a performance nas organizações do setor público (*administrative agencies*), lidando diretamente com problemas crônicos, tais como regulação excessiva, precário desempenho dos sistemas internos de controle (orçamento, gestão de pessoal, auditorias internas e gestão financeira),

[10] Pollitt (1990) considera que a principal força-motriz da reforma da administração pública nos EUA, organizada depois da eleição de Reagan, foi a aprovação do Civil Service Reform Act pelo Congresso, ainda durante o governo Carter. O Civil Service Reform Act introduziu considerações relativas à performance, presentes nos relatórios de performance das agências administrativas, bem como nos planos de cargos e salários do setor público. A administração Reagan justificou a necessidade de uma reforma no setor público com um diagnóstico pessimista dos seguintes pontos: alta interferência do Congresso nas agências administrativas; descontinuidade ou alto *turnover* nos altos escalões da burocracia; ausência de incentivos adequados para a promoção de maior eficiência e efetividade; inadequação de sistemas de informação voltados para contabilidade e gestão da informação no setor público; ausência de um controle mais rígido sobre a gestão financeira e contábil.

[11] O paradigma da nova gestão pública coloca como central a noção de que as organizações do setor público podem funcionar dentro de uma lógica orientada pela performance, assim como empresas e firmas no setor privado. Gaebler e Osborne (1992) são a principal fonte que organiza a idéia do "empreendedorismo" no setor público, sendo o guia intelectual das reformas no governo americano. Essa concepção e suas implicações para a performance no setor público não são consensuais. Laughlin (1991) a considera uma ideologia de mercado que invadiu as organizações públicas. Ashburner e colaboradores (1994) consideram que este paradigma tem forte ênfase em valores e princípios básicos que já orientam a organização e o funcionamento do serviço público, apenas expresso de uma nova forma. Dunleavy e Hood (1994) argumentam positivamente, tratando-o como uma revolução decisiva na gestão do setor público. Pollitt (1993) o considera apenas um sistema ideológico que se caracteriza pela importação de idéias das organizações do setor privado. Hood (1991) mostra que este paradigma ataca diretamente a natureza perdulária do setor público e que está diretamente associado a iniciativas voltadas para reduzir o tamanho e o escopo do governo, substituindo-o pelos mercados, através da idéia de privatização. Gray e Jenkins (1995), discutindo a difusão internacional das idéias desse novo paradigma, argumentam que essas reformas foram fortemente apoiadas em uma insatisfação popular e acadêmica com o papel do governo, sobretudo com seus elevados custos, que se traduzem quase sempre numa substancial elevação dos impostos sobre o indivíduo. Para eles, as reformas administrativas baseadas nesse novo paradigma trazem a preocupação com a performance das organizações públicas, mas o elemento inovador nessas políticas é o papel decisivo desempenhado pela idéia da adoção dos mecanismos de mercado, não apenas no sentido de reduzir o tamanho da administração pública, mas, essencialmente, no da aplicação desses mecanismos de mercado dentro das organizações públicas. Fundamentalmente, essas reformas visaram transformar as instituições, no sentido de torná-las mais próximas de atingir seus objetivos de acordo com suas missões e, em geral, da *accountability* no que diz respeito aos procedimentos internos.

além de mudanças internas nos sistemas de carreira e nos planos de cargos e salários. O National Performance Review focalizou em muito a questão de garantir às diversas *administrative agencies* maior autonomia, autoridade e *accountability*, considerando que operavam sob forte controle do Legislativo. Outro ponto central na reforma foi a criação dos *customers service standards*, mecanismos voltados para estabelecer padrões de prestação dos serviços públicos ao consumidor-cidadão. Nesse contexto, as agências deveriam redefinir e clarificar suas missões organizacionais, no sentido de definir quais os seus objetivos operacionais mensuráveis a serem atingidos a cada ano.

O principal componente da reforma passou a ser a desregulamentação, o princípio central para alterar questões relativas à *accountability* e à orientação pela performance.[12] A desregulamentação é um termo com múltiplos significados. Um deles está diretamente associado à descentralização dos sistemas internos de controle e gestão. Nesse sentido, as agências administrativas deveriam ser dotadas de mais autonomia, operando dentro de sistemas administrativos dotados de menor grau de controle e procedimentos, sobretudo no que se refere à questão da gestão de pessoal. Tal autonomia visa fazer com que as diversas organizações passem a ter maior grau de flexibilidade e responsabilidade para atingir objetivos operacionais definidos em suas respectivas missões.

Light (1997) argumenta que esse novo modelo descentralizado representa um significativo ponto de inflexão nas reformas do setor público nos EUA. Para ele, trata-se de um esforço de substituir progressivamente a *accountability* centrada nas regras internas de funcionamento da burocracia (*rule-based accountability*) por uma *accountability* quanto à performance (*performance-based accountability*). Essa mudança na lógica e organização da *accountability* representa um dos pontos mais importantes da reforma.

A questão da performance das agências administrativas, quando entendida a partir da consecução dos objetivos operacionais, se materializou através da criação dos chamados *strategic plans* elaborados no nível de cada agência do governo, os quais definiam a missão, os objetivos gerais, as funções e, fundamentalmente, descreviam como tais objetivos seriam atingidos. Cada agência do governo deveria produzir um *annual performance plan* no qual esses itens deveriam estar explícitos de forma objetiva, quantificável e mensurável, de modo a permitir a *accountability* pela performance. Esse plano deveria ser submetido anualmente ao Congresso e às agências de controle, dependendo da especificidade de cada caso.

A melhor prestação de serviços públicos esteve centrada na idéia de "dar prioridade ao consumidor" (*putting consumer first*), a qual impulsionou a adoção de

[12] Devolução de poder e autoridade, descentralização e o novo papel do governo federal foram os três pilares da agenda de reformas nos EUA nos anos 1990. Kettl e DiIulio (1995b) analisam esta nova agenda no seu *Fine print: the contract with America, devolution, and the administrative realities of American federalism* produzido pela Brookings Institution.

mecanismos de mercado no interior das agências administrativas. A criação das PBOs foi outro ponto característico da reforma, sendo considerada um dos mecanismos necessários para a melhoria da performance.

Seidman (1998) considera que a criação das PBOs envolve, fundamentalmente, a flexibilização na gestão dos recursos humanos, orçamentários, e outras funções administrativas. Quanto ao seu funcionamento, as *performance-based organizations* são organizações caracterizadas pelos seguintes elementos:

- separação das funções de formulação de políticas públicas (*policy-making*) e implementação (*service delivery*);
- gestão regulada por um *performance agreement* em um período compreendido entre três e cinco anos, negociado entre a PBO e a agência formuladora, no qual devem estar perfeitamente definidos os objetivos, os indicadores de performance, o padrão de relacionamento da agência com a agência formuladora e as flexibilidades legais e administrativas;
- criação da posição de comando máximo na organização, a qual deverá ser ocupada através de indicação por uma autoridade, ou contratada de forma competitiva no mercado de trabalho. Este deverá dirigir a organização por um período de cinco a seis anos, com uma clara definição do conjunto específico de serviços a serem prestados pela organização, bem como a performance a ser atingida.

A criação das PBOs nos casos inglês e americano de reformas materializou um passo decisivo para a criação de um modelo de controle entre formulação e implementação regulado pela performance. O caso brasileiro, como comentaremos a seguir, pretendeu implementar tal modelo com a criação das organizações sociais e agências executivas.

## A reforma brasileira de 1995

O modelo brasileiro de reforma administrativa acompanhou os casos inglês e americano, sobretudo no que se refere à tentativa de implementar uma nova forma de relacionamento entre formulação e implementação de políticas públicas, através da criação de uma nova matriz institucional orientada pela performance. O ajuste fiscal e a mudança institucional foram os dois propósitos centrais dessa experiência da reforma administrativa de 1995.[13]

[13] Para compreender em detalhes essa política de reforma ver os *Cadernos Mare* produzidos ao longo da existência do Ministério da Administração Federal e da Reforma do Estado e disponíveis no *site* desse ministério. Ver, ainda, Bresser-Pereira (1998b); Bresser-Pereira e Spink (1998); Melo (1998); e Bresser-Pereira (1999) para uma discussão das relações entre Estado, sociedade civil e reforma.

A burocracia pública brasileira era, em meados dos anos 1990, um caso típico de baixíssima performance, marcada por uma precária relação entre as funções de formulação e implementação das políticas públicas, e por um crônico problema de gestão fiscal. O setor público brasileiro, como comentaremos adiante, havia crescido consideravelmente, mas sem os necessários ajustes na matriz institucional e sob uma perspectiva mais ampla, nos seus mecanismos de controle. O diagnóstico era o de que uma profunda reforma administrativa deveria atacar os problemas de performance, especialmente porque o setor público era um componente poderoso na questão do desequilíbrio fiscal do país.

Por outro lado, era claro para o governo que a sustentabilidade do Plano Real dependia muito de uma revisão no padrão de intervenção do Estado e da administração pública.

O governo brasileiro respondeu a tal problema formulando uma ambiciosa política de reforma administrativa no Executivo federal em 1995. O Ministério da Administração Federal e da Reforma do Estado (Mare) criado especialmente para a condução da reforma, foi a agência responsável pela formulação e implementação da política.[14] O Plano Diretor da Reforma do Estado foi concebido, tendo orientado os princípios e as linhas gerais de ação a serem seguidas pela reforma.

O principal objetivo da reforma brasileira era o de substituir o modelo de gestão burocrática por um modelo orientado pela performance. A reforma gerencial, como se costumou chamar tal política, trazia a imperiosa necessidade de transformar as estruturas burocráticas através de um novo mecanismo de controle entre o governo federal e organizações voltadas para a performance, como no caso inglês.

A reforma gerencial foi concebida para operar simultaneamente em duas frentes interligadas. Primeiro, ela deveria lidar com o sério problema da "crise fiscal do Estado" no Brasil.[15] O caso brasileiro representava uma situação em que o setor público havia crescido exageradamente, tanto em termos de suas funções como dos gastos correspondentes, sem uma capacidade no gerenciamento fiscal, com impactos consideráveis sobre a economia e a sociedade. Ao final dos anos 1980, o modelo de desenvolvimento por substituição de importações – que, no caso brasileiro, vinha sendo implementado desde a era Vargas – produziu uma excessiva intervenção do setor público, a qual mostrara os claros limites de sua exeqüibilidade e sustentação. A reforma gerencial deveria promover e delinear os mecanismos

[14] Ao longo da história das reformas administrativas no governo federal, o Mare representa a quarta organização no Executivo federal com a missão de conduzir tal política. As organizações anteriores foram o Dasp (1935-86), a Sedap (1986-90) e a SAF/PR (1990-95).

[15] O argumento da "crise fiscal do Estado" foi um dos principais motivos orientadores da reforma. Foi, igualmente, uma das principais constatações do ministro Bresser-Pereira sobre as causas, ou as razões, do problema do Estado na América Latina e no Brasil.

para uma profunda revisão do papel do Estado e de seus mecanismos de controle sobre os gastos públicos. Políticas de privatização, *downsizing* e melhoria nos instrumentos internos de controle sobre as despesas públicas foram os mecanismos utilizados.

A mudança institucional era o outro *front* da reforma. Havia uma clara percepção no plano diretor de que muito dos problemas de performance, inclusive o desequilíbrio fiscal, eram causados por uma inapropriada matriz institucional. As organizações no setor público funcionavam com reduzida orientação pela performance e traduziam a dominância de uma cultura burocrática tradicional, com baixa *accountability* e, sobretudo, com pouca orientação por resultados. O crescimento do aparato burocrático não havia sido acompanhado por uma correspondente transformação na cultura e organização burocrática.

A mudança institucional tal qual concebida no plano diretor propôs a criação de um conjunto de organizações reguladas pela performance, alterando a lógica de articulação entre a formulação e a implementação de políticas públicas. Especificamente, tal mudança deveria ser realizada através da criação de PBOs – as organizações sociais e agências executivas – para as funções de implementação reguladas pelas agências formuladoras, dentro de uma lógica de controle orientada pela performance.

Em segundo lugar, a mudança institucional deveria empreender mudanças constitucionais alterando as regras do jogo relativas à organização e funcionamento da administração pública no Brasil. Terceiro, a mudança deveria introduzir uma transformação da cultura administrativa, movendo-a de uma concepção burocrática para uma concepção gerencial, orientada por resultados.

Fundamentalmente, o que estava em jogo na reforma gerencial era a transformação dos mecanismos de controle, sobretudo na estrutura de delegação e autoridade no Brasil. A necessidade imperiosa de regular as agências administrativas descentralizadas dentro de uma lógica de resultados trazia à tona a demanda pela revisão dos padrões de relacionamento entre formulação e implementação de políticas públicas. Nessa nova matriz institucional, a descentralização associada com a performance trazia à tona a necessidade de transferir maior autonomia e maior *accountability* para as funções responsáveis pela implementação das políticas. Bresser-Pereira (1998b) argumenta claramente que a reforma de 1995 não se restringia apenas a uma reforma organizacional e administrativa, mas que envolvia uma mudança institucional onde o papel do Estado e a revisão dos mecanismos de controle estavam em jogo.

A criação das agências executivas e das organizações sociais era o pilar transformador deste mecanismo de controle, o qual deveria possibilitar que, gradualmente, a administração pública caminhasse para um modelo orientado por novos princípios.

O papel que as agências executivas e as organizações sociais desempenhariam no novo modelo de intervenção do Estado foi delineado no plano diretor da reforma. Nele, havia uma concepção sobre o novo papel do Estado a partir das suas funções, onde foram definidos quatro setores distintos de intervenção do Estado: o núcleo estratégico (*the core functions*), as funções exclusivas, os serviços não-exclusivos e a produção de bens e serviços para o mercado.

O núcleo estratégico era composto pelo conjunto de agências responsáveis pela formulação das políticas públicas, e deveria ser composto pela Presidência, os ministérios, os tribunais, Ministério Público e o Legislativo. Para esse núcleo, não foram propostas mudanças organizacionais nem gerenciais.

Para as atividades exclusivas de Estado, o plano considerou aquelas funções em que é necessária a existência do poder de polícia do Estado, ou seja, o poder de exercer o "monopólio legítimo da violência", isto é, os poderes de legislar e tributar sobre a sociedade. Nesses setores estão incluídos os órgãos de fiscalização, regulamentação, transferências de recursos para as políticas públicas, bem como a polícia e as Forças Armadas. Nesse conjunto específico de atividades a reforma propôs um modelo institucional organizado pelas agências executivas, que passariam a atuar sob um contrato de gestão negociado com o ministério correspondente, tendo liberdades sobre seu orçamento, pessoal (inclusive demissão e pagamento), bem como em termos de compras e licitações.

As funções consideradas como não-exclusivas do Estado assim foram classificadas porque, embora exercidas por setores que não possuem o poder de Estado, envolvem a participação deste, uma vez que são de alta relevância na produção de bens e prestação de serviços considerados "meritórios". É o caso, por exemplo, das escolas e dos hospitais. Nesse setor deveriam ser criadas as organizações sociais, também operando dentro de contratos de gestão orientados pela performance. Por fim, para as funções consideradas de mercado, o plano diretor previa a privatização.

No fundo, essa nova matriz institucional e o novo papel do Estado correspondente eram uma tentativa de introduzir uma melhor forma de organizar o tão descentralizado Estado brasileiro que se expandira de modo descontrolado desde a reforma de 1967, como comentaremos no capítulo 4. Na verdade, tal concepção trazia em si a proposta de um novo modelo de delegação e de controle regulado pela performance. Nesse ponto reside a inovação institucional pretendida pelo Mare. A restauração da performance dependia, entre outras coisas, mas não menos, de uma transformação no padrão de relacionamento entre a formulação e a implementação. A criação das PBOs nos diferentes setores era claramente uma tentativa nessa direção. A reforma de 1995, portanto, pretendia combinar descentralização e delegação, dentro de um modelo de controle que privilegiasse a implementação das políticas públicas orientadas para a obtenção de resultados. O contrato de gestão seria o mecanismo que associaria performance com *accountability*. O ponto nevrálgico da precária performance estava na inadequada conexão entre os ministérios e a grande quantidade de agências descentralizadas, que de modo precariamente coordenado e não orientadas pelos resultados, muitas vezes, implementavam políticas erráticas e fragmentadas, sem maior conexão com a questão da performance.

Esse novo modelo deixaria aos ministérios a formulação das políticas e o controle das agências, às quais seria concedido maior poder discricionário sobre os recursos humanos e orçamentários, sobre suas missões, sobre os serviços a serem ofertados, bem como quanto aos resultados a serem alcançados, a partir do que fosse definido no contrato de gestão. Assim como no modelo inglês e americano, as PBOs deveriam ter uma margem de flexibilidade para definir os seus objetivos específicos a serem acordados com o ministério em cada contrato de gestão.

Para a implementação da reforma, o plano diretor propôs a criação de duas importantes instâncias decisórias, compostas por atores no governo e na sociedade civil: a Câmara e o Conselho da Reforma do Estado. A Câmara da Reforma, que seria coordenada pelo chefe da Casa Civil da Presidência da República, foi concebida para envolver os ministérios na tarefa de redução do grau de conflitos nas principais decisões relativas à formulação e implementação da política de reforma. Por sua vez, o Conselho da Reforma – criado pelo Decreto-lei nº 1.738, de 1995 – desempenharia um papel consultivo, tendo por objetivo primeiro ser o espaço coletivo para o debate e produção de propostas de políticas a serem levadas à Câmara da Reforma do Estado. O Conselho da Reforma deveria ser composto de 12 membros indicados pelo presidente, por um mandato de três anos, envolvendo representantes da sociedade civil, do setor privado, das universidades e ex-funcionários públicos federais.

Com a criação e o funcionamento dessas duas instituições, a reforma pretendia aumentar a participação social sobre a formulação e implementação, bem como reduzir os conflitos e os problemas de ação coletiva no processo de encaminhamento da reforma no plano operacional e decisório. Todavia, tais instituições não foram fortalecidas durante a reforma, evidenciando um problema coletivo de cooperação dos principais atores no governo com as propostas de transformação das estruturas de controle no interior da burocracia brasileira. Sem a cooperação coletiva dos demais atores com poder decisório no governo, o Mare ficou isolado para lidar com a cooperação dos diversos ministérios, sobretudo para implementar as propostas de mudança institucional, o que dificultou sobremaneira a implementação, como comentaremos em capítulo específico.

CAPÍTULO 2

# EXPLICANDO A FALHA SEQÜENCIAL EM REFORMAS ADMINISTRATIVAS

Este capítulo apresenta uma revisão da literatura sobre o problema da falha seqüencial nas políticas de reforma administrativa. A primeira seção do capítulo define o problema. A segunda seção trata das principais abordagens feitas pela literatura a esse respeito. Na terceira seção, o objetivo é a explicação adicional, proposta baseada no "dilema do controle" para explicar o problema da falha seqüencial no caso brasileiro e que está presente nas reformas administrativas dos anos 1990.

## O problema da falha seqüencial nas políticas de reforma administrativa

Uma das maiores constatações da vasta literatura sobre as políticas de reforma administrativa[16] é a de que estas falham de modo seqüencial. O problema da falha seqüencial advém da evidência comparativa entre casos que demonstram a persistência das questões de performance nos aparatos burocráticos, mesmo diante de políticas que visam superá-las.

A persistência dessas questões revela que "novas reformas são formuladas para lidar com velhos problemas", evidenciando que as políticas de reforma são muito

[16] O estudo científico das políticas de reforma (do qual o estudo das reformas administrativas representa caso particular) é uma tradição no campo das políticas públicas. Estes estudos assumem diferentes formas, métodos e propósitos. Quanto ao foco, existem três tipos clássicos: o estudo da formulação (ou do processo decisório), os estudos da implementação e os estudos dos impactos. Quanto ao propósito, pode-se considerar que existem várias abordagens. Alguns se concentram na existência das reformas, centrados na questão do "por que as reformas existem da forma que existem?" Outros se voltam para compreender a natureza substantiva de tais políticas, buscando respostas para a questão do "por que e como as reformas assumem uma dada forma?" Outros, por sua vez, buscam compreender a lógica de produção e de funcionamento das reformas. O estudo dos impactos compreende estudos de avaliação.

freqüentemente "descontinuadas, abandonadas, terminadas". Por outro lado, existe o recorrente argumento de que as reformas são políticas "muito fáceis de iniciar, porém, muito difíceis de manter no tempo". Considerando tais argumentos se torna evidente que o problema da falha seqüencial resulta do simples fato de que as reformas dificilmente atingem seus objetivos propostos. Reformas são políticas de baixa performance.

As reformas, como sugerido por diversos autores, são casos clássicos de políticas públicas que muito raramente produzem substanciais ganhos de performance sobre o aparato burocrático. A literatura é repleta de casos de falha seqüencial. As reformas dos anos 1990 se inserem nesse típico problema. Uma das mais fortes evidências dessa questão é levantada por Caiden (1999), o qual, numa análise comparativa a partir de uma ampla amostra de reformas, sugere que, apesar dos poderosos esforços reformistas, as reformas administrativas continuam a mostrar nítidos sinais de falha seqüencial:

> em escala mundial as administrações públicas estão sendo reexaminadas e remodeladas (...) o governo está sendo transformado e reinventado, a centralização burocrática está sendo abandonada, o Estado de bem-estar social está sendo reduzido em tamanho, o setor público está sendo reduzido, as organizações do setor público estão passando por processos de reeengenharia e os princípios da gestão pública estão sendo revistos. Os governos têm prometido muito, mas, *freqüentemente eles falham em melhorar suas performances, pelo simples fato de que as reformas se mostram desapontadoras.* As políticas de reforma não produzem impactos significativos; elas caminham na direção errada ou são surpreendidas pelos fatos. Os reformistas têm sido bastante otimistas e muitas vezes irrealistas; usualmente, eles têm caído nas armadilhas da implementação. As reformas precisam de amplo apoio político, apoio das massas e competente condução. Reformistas precisam saber que as reformas levam tempo, e aceitar o que eles realmente conseguem atingir, mesmo se estes resultados estão aquém de suas intenções originais.[17]

O problema da falha seqüencial se evidencia como um *gap* temporal entre os resultados obtidos na implementação e os resultados pretendidos quando da formulação das reformas. O que a evidência empírica comparativa revela é que,

[17] Tradução e grifo do autor. No original: "*All around the world the administrative state is being reexamined and reshaped (...) government is being transformed and reinvented, bureaucratic centralism is being abandoned, the welfare state is being downsized, the public sector is being reduced, public organizations are being reengineered, and public management is being reinvigorated. Governments have promised as much as before but they* too often failed to improve their performance simply because many reforms have proved disappointing. *Reforms have failed to make any significant impact; they have gone wrong; they have been overtaken by events. The reformers have been too optimistic and often unrealistic; they have fallen into the traps of implementation. Reforms need strong political backing, mass support, and competent inside facilitation. Reformers need to take their time and accept what they can achieve even if the results fall short of their intentions*".

freqüentemente, as reformas atingem resultados muito aquém dos esperados. Usualmente, os ganhos de performance são muito tímidos e, muitas vezes, as políticas de reforma sofrem intensa resistência por parte dos setores alvo das reformas. Caiden (1991) conclui nesta direção e argumenta que existem várias dimensões nestas políticas que podem ser relacionadas com a falha seqüencial. Em primeiro lugar, existe o recorrente fenômeno desse tipo de reforma se processar muito mais lentamente do que as reformas de natureza política e econômica, por exemplo, e levarem muito tempo para apresentar resultados. Em segundo lugar, o estágio de implementação é a fonte primordial da falha. Em terceiro, as novas reformas perseguem problemas antigos, não superados por antigas reformas; o que é uma característica típica das reformas administrativas.

As principais conclusões de March e Olsen (1983) sobre as reformas administrativas nos EUA também destacam o problema da falha seqüencial. Eles argumentam que, dificilmente, as iniciativas de reforma produzem mudanças administrativas substanciais, e que estas não causam impacto significativo quanto à redução e ao controle dos custos administrativos, bem como em relação à eficiência, ou mesmo no que diz respeito a transformações na estrutura de controle burocrático. As reformas têm sido um manancial de frustrações. Todavia, argumentam os autores, a necessidade contínua de reformar a administração pública se mantém de governo a governo.

Evidenciado o problema da falha seqüencial nas reformas administrativas, o próximo passo é apresentar as explicações disponíveis. Isso é feito na próxima seção.

## Explicando a falha seqüencial

Existe um amplo conjunto de explicações sobre o fenômeno da falha seqüencial nas reformas administrativas, explicações que variam conforme o foco, o nível de abstração e a natureza do argumento.

A primeira linha explicativa para a falha seqüencial reside no problema de que as reformas usualmente buscam implementar propostas que desconsideram a grande variedade existente na burocracia moderna. Sob essa perspectiva, as reformas normalmente são formuladas conforme modelos *one size fits all* (um modelo para todos os tamanhos), em grande medida incompatíveis com a diversidade que caracteriza a administração pública. Como os problemas de performance variam, e muito, de acordo com as diversas agências administrativas do governo, as políticas de reforma dificilmente dão conta dessa especificidade. Por outro lado, como as reformas desse tipo dificilmente se "ajustam" para diversas naturezas e problemas do Estado em ação, as agências administrativas reagem a tais tentativas de elevação da performance. É comum que reformas produzam falha seqüencial por não considerarem a variabilidade intrínseca da administração pública.

Outra abordagem clássica para o problema da falha seqüencial é aquela que considera o fator institucionalização explicativo para o fenômeno.[18] As reformas administrativas tendem a falhar pelo fato de que projetam a realização de ambiciosas mudanças em padrões de comportamento e ação altamente institucionalizados. Essa explicação reforça o argumento de que a mudança no setor público é complexa, ocorre de forma muito lenta, dependendo de um amplo esforço de compromisso com a mudança no longo prazo. A questão é que, em contextos democráticos, a política se organiza e funciona no curto prazo e, por tal razão, não é de se esperar que compromissos dessa natureza tendam a perdurar entre governos. O resultado mais provável a se esperar é a resistência das instituições às reformas, sobretudo em contextos democráticos.

Kaufman (1995) relaciona a falha seqüencial com a resistência organizada de atores no interior da burocracia. Ele aponta três causas centrais para a resistência:

- os benefícios da manutenção do *status quo*;
- a oposição calculada à mudança;
- a reduzida capacidade de promover a mudança.

Políticas de reformas administrativas enfrentam a falha seqüencial pelo confronto de interesses organizados entre aqueles que pretendem elevar a performance e aqueles que se beneficiam com a reduzida performance. Nessa perspectiva, a oposição organizada de atores na burocracia é uma resposta ao impacto que estes percebem numa dada política de reforma. A melhoria da performance não é uma razão suficiente para a organização dos interesses numa reforma. Por esta razão, as reformas são sempre alvo de intensa resistência e propostas de melhoria da performance são comumente impedidas. O próprio Kaufman (1995) explica melhor as razões da resistência na seguinte passagem:

> um conjunto de forças tende a manter as organizações funcionando nos mesmos padrões. O reconhecimento generalizado dos benefícios gerados pela manutenção

[18] Meyer e Rowan (1977) argumentam que estruturas burocráticas emergem e se desenvolvem em resposta às regras institucionais intencionalmente construídas. A grande tensão em reformar estas estruturas reside na fraca correspondência entre as estruturas e a performance. Neste sentido, os atores defendem a manutenção dessas estruturas burocráticas diante da incerteza com as reformas voltadas para a performance. Em segundo lugar, as diversas formas de resistência às reformas são estratégias racionais, com alta probabilidade de ocorrência; em especial, porque as reformas são usualmente frágeis no que se refere ao apoio político. No setor público, as reformas têm reduzidas chances de ocorrência, uma vez que dependem do apoio político de coalizões muito complexas.

> e a oposição à mudança baseada no cálculo sobre os ganhos anteriores, a proteção da qualidade e os altos custos envolvidos nas reformas representam as fundações sobre as quais se assentam as resistências à reforma. Diversos fatores reduzem a habilidade das organizações para reformar (...) enorme é o poder que têm estas forças para manter as organizações nos seus padrões familiares de comportamento, de forma que pode ser considerada surpreendente qualquer tentativa bem-sucedida de mudança. As reformas e as mudanças em relação ao tradicional têm poucas chances de ocorrência. Este é um dos motivos pelos quais muitas organizações morrem mesmo quando são capazes de empreender mudanças de acordo com as circunstâncias (...).[19]

Ao analisar as ondas, ou ciclos de reformas administrativas nos EUA, Light (1997) explica de forma diferente tal problema. Para ele, a razão central da falha seqüencial reside nos efeitos não-intencionais das reformas. Nesse sentido, ele argumenta que uma dada política de reforma produz mais demanda por reformas, pelo simples fato de que conseqüências não-intencionais da ação são produzidas. O autor acrescenta que as reformas oscilam – de acordo com seus princípios, as linhas de ação e propósitos – entre velhas e novas filosofias de como reformar a administração pública. Ele considera que essas "filosofias" são quase sempre contraditórias, produzindo um ciclo permanente de reformas (Light, 1997).

> É possível que uma política ou iniciativa de reforma anterior contribua negativamente para a atual reforma, dado um problema de contradição entre princípios, o que sugere haver uma necessidade contínua de reformas administrativas. Existe alguma evidência de que os ciclos de reforma ocorrem de forma muito acelerada, i.e, o intervalo entre a última reforma e a próxima está se tornando cada vez maior. Quanto mais o governo é reformado, mais o Congresso e a Presidência consideram necessário reformar. Os ciclos de reforma conduzem a uma simples predição: os esforços atuais de reformar ou reconstruir a burocracia serão seguidos por uma retórica de reduzir o tamanho dessa burocracia e, depois, por uma tentativa de livrar os gestores públicos (*managers*) dessa mesma burocracia, e assim sucessivamente. Dado que o Congresso e a Presidência não sabem exatamente o que

[19] Tradução do autor. No original: "*A host of forces tend to keep organizations doing the things they have been doing in the recent past, and doing them in just the way they have been doing them. The generally recognized collective benefits of stability and the opposition to change based on calculations of prevailed advantage, protection of quality, and the costs of modification furnish a thought-out foundation for resisting all efforts to reshape organizations or alter their behavior. Many factors weaken the ability of organizations to change (...) so formidable is the collection of forces holding organizations in their familiar paths that it is surprising that any changes ever manage to run the gauntlet successfully. Innovations and departures from the traditional seem unlikely to prevail over the odds against them. This is one of the reasons why many organizations die even though, presumably, they might alter themselves as conditions demand*" (Kaufman, 1995).

> fazer (e o que não fazer) para elevar a performance do setor público e pelo fato de não existir uma única teoria sobre como elevar a performance, as reformas oscilam entre novos e velhos princípios, quase sempre de forma errática. Muitas das reformas dos anos 1990 parecem antagônicas às reformas dos anos 1930, e estas são, em parte, uma resposta às reformas da era progressiva dos 1900, que foram, em parte, resposta aos problemas de performance das iniciativas de *State-building* nos anos 1860 e 1870, as quais eram uma resposta aos problemas de performance do Estado burocrático na época de George Washington, John Adams e Thomas Jefferson.[20]

Coe (1997) propõe uma explicação centrada nas conseqüências não-intencionais da ação, trazendo à tona o fator do conflito estrutural, o qual leva a um afastamento dos objetivos por parte das organizações que buscam introduzir reformas. Ele argumenta que esse conflito é causado por pressões externas à organização, fazendo com que esta, progressivamente, se desvie dos objetivos inicialmente perseguidos e, em certos casos, os abandone. Tal conflito resulta do fato de que, durante uma reforma, são perseguidos dois ou mais objetivos excludentes que não os originariamente considerados, abrindo possibilidades reais para a mudança ou o afastamento em relação aos objetivos. Ele explica, por exemplo, que numa reforma de dois, quando a ação é voltada para um dos objetivos, a atenção da organização se volta para o outro, enquanto a ação se volta para o segundo objetivo e vice-versa. Essa mudança contínua produz a falha seqüencial, uma vez que o conflito tende a ser maior quanto maior é o *gap* entre o pretendido e o realizado, num dado contexto.

Existe ainda um conjunto de explicações complementares que envolvem questões relativas ao problema da incerteza, da complexidade e da questão da ambigüidade presentes em tais políticas públicas. Dificilmente, as reformas chamam a atenção dos atores sociais, conseguindo centralidade na agenda por longo tempo. Nesse sentido, as políticas de reformas têm um considerável ímpeto inicial que tende a reduzir-se com o tempo. Tal redução é de fundamental importância para explicar a não-cooperação dos atores estratégicos com a reforma. Por outro lado, as reformas são consideradas políticas públicas com múltiplos objetivos e altamente incertas; e por vezes, altamente contraditórias do ponto de vista interno. Nesse sentido, como argumentam March e Olsen (1983), a falha seqüencial deriva do fato de que a incerteza e a multiplicidade de objetivos contraditórios desencadeiam problemas de cooperação.

> O cálculo político nas reformas é sensível às variações conjunturais e às mudanças de curto prazo na atenção dos atores políticos. As decisões relativas à reforma parecem

[20] Tradução do autor.

> depender menos da natureza e propriedade das reformas propostas (...) mas, sim, dos interesses de curto prazo dos atores políticos, sobre os quais os atores que conduzem as reformas têm pequeno grau de controle (...) Por outro lado, as reformas têm dificuldade de manter a atenção dos principais atores políticos (...) Presidentes, líderes no Congresso, grupos de interesse e funcionários de alto escalão na burocracia são usualmente muito ocupados para participar mais ativamente das reformas. Nesse sentido, pode-se argumentar que as reformas, usualmente, se processam dentro de um contexto de "vácuo de atenção" (...) As reformas, usualmente, desviam e reduzem seu ímpeto inicial, se tornando diretamente associadas com questões e projetos distantes da intenção inicial.[21]

Kaufman (1995) e Peters e Savoie (1996) relacionam a falha seqüencial com a tensão entre descentralização e problemas de coordenação. Normalmente, as políticas de reforma trazem em si forças centrípetas e centrífugas que as tornam de alta complexidade de implementação. As forças centrípetas usualmente tendem a mover os governos para descentralizar os processos decisórios e os mecanismos de controle para elevar a performance. Por outro lado, as forças centrífugas tendem a ressaltar a necessidade de fortalecer a capacidade de coordenação central da formulação das políticas públicas. Nesse sentido a coordenação se torna problemática. Peters e Savoie (1996) argumentam que na experiência inglesa com as Next Step Agencies e nas Special Operating Agencies no Canadá, as chances para a falha seqüencial são consideráveis, dado que a coordenação é problemática. A fragmentação dos mecanismos de controle tende a produzir uma "incoerência entre as políticas públicas" (*policy incoherence*) e, em última instância, uma reduzida capacidade efetiva de exercer controle sobre tais agências.

Analisando as experiências de reformas voltadas para a performance na Inglaterra e na Nova Zelândia, Minogue e colaboradores (1998) consideram que a tensão entre descentralização e coordenação é a razão principal para a falha seqüencial. Esses autores consideram que o elevado grau de descentralização introduzido pelo modelo das PBOs ampliou os riscos da falha seqüencial, visto que o governo central perdeu em muito sua capacidade de coordenar efetivamente um amplo número de agências administrativas que atuam de modo muito descentralizado. A descentralização gerou uma demanda maior por coordenação do governo central, o que gera, em última instância, uma maior necessidade por controle. Os autores argumentam que nos dois casos (e o predizem quanto às reformas centradas nos princípios da *new public management*) existem dois fatores explicativos para o problema da falha seqüencial. Primeiro, existe um *trade-off* permanente entre a coerência estratégica de longo prazo e os objetivos

---

[21] Tradução do autor.

operacionais das agências administrativas. Em segundo lugar, existe um *trade-off* entre a ampliação do raio de controle (*span of control*) na administração central e os propósitos de redução de raios de controle mais gerenciáveis nas unidades descentralizadas, através de uma precisa definição das missões, dos objetivos operacionais e dos papéis das agências em produzir serviços, o que causa conflitos e tensões potenciais para o sucesso da implementação das reformas baseadas em tal modelo.

Seidman (1998) argumenta que os conflitos de poder entre os atores envolvidos na reforma explica a falha seqüencial. Pelo simples fato de as reformas buscarem promover alterações substanciais no modo pelo qual o poder está organizado numa dada burocracia, estas produzem conflitos que giram em torno de questões relativas ao problema de quem controla quem, ou ao problema do controle. O controle, ou melhor, o poder de controlar, se torna a principal questão em torno da qual os atores se organizam numa reforma. Embora a elevação da performance seja o motivo revelado, é exatamente sobre a questão do controle que os atores desenvolvem respostas cooperativas e não-cooperativas com as propostas de reformar a administração pública.

Outro tipo de explicação, que mais de perto se aproxima da explicação adicional que formulo para o caso do Mare, coloca o problema da contradição entre os objetivos da reforma como importante causador da falha seqüencial. Ao analisar as falhas no processo de transformação do Bureau of the Budget no Office of Management and Budget (OMB), Seidman (1998) demonstra que a incompatibilidade entre os dois principais objetivos da agência – a gestão e o orçamento – foi o principal obstáculo para sua reforma. Ele explica que a principal dificuldade em transformar o Bureau of the Budget no OMB foi a resistência da agência em incorporar a função *management*. Segundo ele, desde 1972, havia na agência uma subordinação da função "gestão" à função "orçamento", de modo que a integração dessas funções (percebidas como contraditórias) levou a reforma ao colapso em 1994.

Brunsson e Olsen (1993) e March e Olsen (1983) se alinham com o argumento da contradição entre objetivos. Consideram que a falha seqüencial das reformas é produzida por "demandas conflitantes" geradas pela presença de dois objetivos em permanente tensão: a demanda por mudança e a demanda por estabilidade. Desveaux (1994) sugere que o problema da falha seqüencial nas reformas é produzido pelo alto teor de incerteza e ambigüidade em tais políticas. Ele considera que as reformas são políticas que se destinam a promover o controle de forma muito incerta. Todavia, o autor entende que as reformas desconsideram que as diferentes agências do governo percebem e agem diante de tal incerteza de forma distinta, tornando as reformas muito problemáticas, sobretudo quando tentam aplicar procedimentos homogêneos, desconsiderando essa diferença entre as agências. Na mesma direção se enquadra o argumento clássico de Pressman e Wildavsky (1984) de que a falha seqüencial resulta de um problema de ação coletiva, em função da dificuldade de coordenação entre interesses das diversas agências num processo de reforma. Mesmo quando não existe um elevado grau de conflito entre as agências com relação à reforma, o engajamento destas constitui problema considerável.

O problema da implementação das reformas administrativas – e outras reformas caracterizadas por grande incerteza e ambigüidade – reside no fato de que, geralmente, as organizações buscam outros interesses que não aqueles perseguidos pela reforma, o que torna mais complexo para o governo central obter a cooperação das agências administrativas. O problema da coordenação entre interesses diversos faz com que, de modo geral, as reformas tenham um alto custo de transação e apresentem múltiplos problemas do tipo "principal-agente" (Williamson, 1983, 1985, 1996; North, 1990), propiciando a ocorrência da falha seqüencial. No sentido de possibilitar a cooperação das agências em torno dos objetivos programáticos das reformas, é necessário maior controle e coordenação, principalmente quando de uma grande diversidade de interesses. O sucesso das reformas no plano da implementação depende da criação de incentivos que possibilitem a cooperação entre os principais agentes (Kaufman, 1960).

Silverman (1997) também explica a falha seqüencial pela contradição dos objetivos das reformas. Em sua análise das políticas de reformas do serviço civil na África, ele demonstra que a contradição entre a estabilização fiscal e a melhoria da performance resultou em reduzido grau de cooperação dos atores estratégicos.[22] Ele considera que, embora os dois objetivos sejam freqüentemente colocados *in tandem* em programas de reformas visando a performance, a experiência dos governos africanos sugere que existe uma tensão clara entre aqueles atores estratégicos que buscam a reforma a partir da mudança institucional e os que a buscam a partir da eficiência fiscal (Silverman, 1997:164).

O quadro 1 apresenta o conjunto de explicações discutido neste capítulo, focalizando os tipos, mecanismos causais e argumentos utilizados pelos diversos autores.

[22] A questão do ajuste fiscal se torna um aspecto central nas reformas dos anos 1990, pela evidência que passou a ter na grande maioria dos países, o pagamento da dívida pública como componente importante nos gastos públicos. Em 1994 aproximadamente 40% dos gastos públicos do Brasil foram destinados à rubrica dívida. Dados comparativos mostram que em 1997 15,2% do total dos gastos dos EUA foram destinados ao pagamento da dívida pública, aproximadamente 27,0% do Reino Unido, 10,25% da Nova Zelândia e 19,5% da Austrália (IMF, 1998).

Quadro 1

**Explicações para o problema da falha seqüencial nas reformas administrativas**

| Tipo de explicação | Autor(es) | Mecanismo causal | Argumento |
|---|---|---|---|
| Institucionalização | Caiden (1999) | Instituições inibem reformas | "Reformas ocorrem em ambientes altamente institucionalizados que tornam as mudanças muito lentas e com reduzida efetividade" |
| Resistência organizada | Kaufman (1995) | Resistência organizada inibe reformas | "Reformas enfrentam resistência organizada por três razões: a) os benefícios gerados pelo *status quo*; b) oposição calculada; c) reduzida habilidade para a mudança" |
| Ondas de reforma | Light (1997) | Efeitos não-intencionais geram necessidade de mais reformas | "Reformas geram mais reformas; quanto mais o governo é reformado, mais o Congresso e a Presidência as consideram necessárias" |
| Conflito de princípios | Kaufman (1971) | O conflito de princípios sobre como reformar gera a necessidade de mais reformas | "As políticas de reformas trazem em si um conflito de princípios sobre como reformar: a competência neutra, a representatividade e a liderança executiva, que tornam as reformas incompletas" |
| Conflito estrutural | Coe (1997) | O conflito estrutural entre os objetivos produz o afastamento contínuo em relação aos objetivos iniciais da reforma | "Quando as reformas são implementadas, outras forças operando no sentido de manter o *status quo* as inibem" |
| Atenção dos atores estratégicos | Baier et al. (1989) | A falta de atenção contínua para os problemas da reforma gera falhas | "As políticas de reforma não são suficientemente capazes de manter a atenção dos atores estratégicos por um longo período de tempo" |
| Natureza da reforma (múltiplos objetivos, largo escopo, alta complexidade) | Baier et al. (1989) | A existência combinada de objetivos múltiplos, largo escopo e alta complexidade nas reformas gera problemas de cooperação | "As reformas tendem a desencadear processos reativos dados seu grande teor de incertezas e de complexidade e os resultados imprevistos" |
| Contradições, ambigüidade e incerteza | Peters e Savoie (1996) | As reformas são políticas dotadas de elevado grau de contradições, ambigüidades | "Reformas demandam mais coordenação e controle" |

*Continua*

*Continua*

| Tipo de explicação | Autor(es) | Mecanismo causal | Argumento |
|---|---|---|---|
| | March e Olsen (1983) | e de incerteza, que inibem a cooperação dos atores com as mudanças<br><br>Forças contraditórias inibem reformas | "Reformas tendem a desencadear um conjunto de forças centrípetas e centrífugas que tendem a tornar as modificações muito difíceis de implementar" |
| *Garbage can* | Cohen, March e Olsen (1972) | Incerteza, ambigüidade e complexidade nas reformas causam processos de "anarquias organizadas" (*garbage can processes*) que conduzem à falha | "Reformas são dotadas de alta incerteza, complexidade e ambigüidade, que produzem dificuldade de cooperação" |
| Descentralização X coordenação | Kaufman (1995) | A tensão entre descentralização e coordenação causa falha seqüencial | "Processos de descentralização causam problemas de coordenação entre principais e agentes, o que demanda mais controle, produzindo falha" |
| Diversidade de interesses X *one size fits all* | Diversos autores | Reformas falham por não considerarem a diversidade de interesses e especificidades das agências do governo | "A alta diversidade de interesses das agências administrativas reduz as chances de cooperação com políticas de reformas centradas em modelos mais uniformes" |
| Dilemas de ação coletiva | Pressman e Wildavsky (1984) | Problemas de ação coletiva entre as agências do governo levam a problemas de cooperação, que, por sua vez, causam falha seqüencial | "As reformas produzem dilemas de ação coletiva e, portanto, geram mais demanda por coordenação e controle" |
| Poder | Seidman (1998) | A reação das agências a mudanças na forma que o controle está organizado causa falha seqüencial | "Os conflitos em torno de quem ganha e quem perde poder com as reformas criam obstáculos à mudança" |
| Contradição de funções | Seidman (1998) | A contradição dos objetivos programáticos das reformas produz falha | "Objetivos conflitantes geram falha seqüencial nas reformas" |
| Absorção das incertezas | Desveaux (1994) | Incerteza produz falha | "Reformas geram alta incerteza nos diversos atores, o que torna mais complexa e mais difícil a mudança na direção desejada" |
| Altas expectativas | Peters e Savoie (1996) | Elevada expectativa dos atores em relação às reformas inibe a mudança | "Reformas produzem elevadas expectativas quanto aos seus impactos, o que produz dificuldade de cooperação dos atores com a mudança" |

| Tipo de explicação | Autor(es) | Mecanismo causal | Argumento |
|---|---|---|---|
| Demandas conflitantes | Brunsson e Olsen (1993) | As demandas conflitantes entre mudança e estabilidade criam incerteza e ambigüidade, que causam falha seqüencial | "As demandas conflitantes entre a mudança e a estabilidade em um processo de reforma geram falha" |

## O dilema do controle e a falha seqüencial

Esta seção apresenta explicação adicional para a falha seqüencial, tanto no caso da reforma brasileira de 1995 como no das reformas administrativas em geral. Antes de proceder à explicação, algumas palavras são necessárias. Em primeiro lugar, por explicação estou considerando, de acordo com Van Evera (1997) e Miller (1987), uma "melhor descrição" das razões subjacentes que permitam explicar o fenômeno da falha seqüencial. Em segundo lugar, a explicação adicional que estou propondo não é absolutamente "nova", dado que ela conecta, integra e combina alguns elementos explicativos de outras abordagens discutidas na seção anterior. Estou originariamente denominando a explicação proposta aqui como o "dilema do controle", pois, como veremos, a falha seqüencial será explicada a partir de uma tensão que envolve o problema do controle.

A explicação apresentada parte da premissa de que em uma reforma orientada pela performance existe uma contradição entre os objetivos da mudança institucional e o ajuste fiscal, contradição essa que reside na relação entre performance e controle. Por um lado, as iniciativas de ajuste fiscal (redução e/ou controle dos custos visando ganhos de eficiência fiscal) requerem maior fiscalização dos sistemas burocráticos, na medida em que a mudança institucional demanda menos controle, sobretudo naquelas em que as propostas de descentralização são predominantes, como é o caso das reformas dos anos 1990. Essa contradição relativa ao controle se materializa em dificuldade de cooperação simultânea com os dois objetivos por parte dos diversos atores estratégicos envolvidos na reforma.

A cooperação é mais problemática quando há muito grande diversidade de interesses, quando a predominância de um objetivo sobre o outro é mais forte, bem como quando a performance do aparato burocrático é baixa. Em situações em que a descentralização está associada a menos controle e, conseqüentemente, a um fator negativamente relacionado à performance, a possibilidade de falha seqüencial é bem maior. Nas reformas orientadas pela performance, pelo simples fato de terem o controle sobre os recursos humanos e orçamentários das instituições a serem transformadas em PBOs, as instituições do governo central (agências controladoras) tendem a perceber a criação daquelas organizações como associada a um menor controle e, conseqüentemente, a uma menor performance. Tal tensão ocorre porque as PBOs tenderiam, na percepção das agências controladoras, a romper com a estrutura de controle e devolução de autoridade para as entidades descentralizadas, responsáveis pela implementação de políticas públicas. A questão do controle, e não da performance, passa a ser fundamental para explicar a cooperação ou não com propostas de reformas, por parte das agências administrativas.

A elevação da performance é a motivação aparente das reformas administrativas. Quanto mais uma dada política de reforma propõe alterar radicalmente a maneira de controle que regula a relação entre implementação e formulação das políticas públicas, maiores as chances para o insucesso das reformas administrativas, sobretudo aquelas em contextos democráticos.

As reformas dos anos 1990 orientadas pela performance representam um caso clássico de radical alteração da estrutura de controle na ordem burocrática. O dilema do controle é tanto maior quanto maior for a diversidade de interesses entre as agências administrativas e maior a fragmentação prevista. Embora mais controle seja necessário com a descentralização, as agências controladoras percebem que a criação das PBOs tende a mover a ordem burocrática para menos controle, e não o contrário, e por tal razão elas se opõem estrategicamente às reformas. Em conseqüência, a cooperação das agências controladoras com os objetivos de mudança institucional não é facilmente obtida.

O caso brasileiro analisado nos capítulos seguintes demonstra de modo cristalino como o dilema do controle foi fundamental para explicar a não-cooperação com as propostas de alterar a matriz institucional do sistema burocrático brasileiro com a criação das PBOs. A extinção do Mare e a perda do ímpeto reformista se devem em muito à reduzida cooperação das agências administrativas com as propostas de mudança institucional. As agências administrativas, sobretudo as controladoras, cooperaram em muito com as iniciativas de ajuste fiscal, inibindo maiores possibilidades de mudança visando elevação da performance. Na minha explicação, esse problema foi decisivo para o final do ministério e as subseqüentes transformações na política de reforma administrativa no Brasil.

CAPÍTULO 3

# AS REFORMAS ADMINISTRATIVAS NO BRASIL E O PROBLEMA DA FALHA SEQÜENCIAL

Este capítulo discute a evolução das políticas de reformas administrativas ocorridas no Brasil durante o período 1930-95, chamando a atenção para o problema da falha seqüencial. Em primeiro lugar, é discutida a pioneira reforma burocrática ocorrida nos anos 1930, no governo Vargas. Em seguida, é abordado o período compreendido entre a administração Kubitschek e a implementação da reforma modernizante no governo autoritário militar com o Decreto-lei nº 200/67, momento de crescimento da burocracia sob forte descentralização, a partir da criação de uma grande quantidade de agências administrativas, constituindo-se uma administração pública indireta sem um adequado mecanismo de controle. Logo após, é mostrada a experiência no contexto do retorno à democracia até o período que precede a reforma administrativa de 1995, quando se torna visível a crise do padrão de intervenção do Estado e a necessidade de uma nova matriz institucional e de novos mecanismos de controle. O objetivo do capítulo é mostrar que, apesar dos esforços em elevar a performance, ainda persistem problemas históricos quanto a esse aspecto.

## Vargas e a reforma burocrática

Como reconhecido por analistas da burocracia no Brasil (Graham, 1969; Geddes, 1990 e 1994; Martins, 1997; Bresser-Pereira, 1998b), até os anos 1930, a administração pública no Brasil era muito distante daquilo que se poderia considerar uma burocracia profissionalizada. Na realidade, era organizada por incentivos perversos que geravam obstáculos à performance. A lógica clientelista e patrimonialista que regia a organização burocrática no Brasil fazia com que a administração pública constituísse um espaço útil para trocar cargos por votos, sem qualquer esforço mais amplo para a implantação de elementos de racionalidade e, sobretudo, de performance. O esforço de *State-building* pelo desenvolvimento nacional em ampla escala, iniciado com o governo Vargas em 1930, dependeria em muito da construção de uma burocracia com maior performance. Essa foi uma das principais razões para o início de uma grande reforma administrativa.

A primeira grande iniciativa de reforma ocorreu quando o Estado Novo foi implantado por Getúlio Vargas, em 1937.[23] Um de seus principais argumentos era a imperiosa necessidade de transformar os princípios organizadores da administração pública brasileira visando elevar sua performance. A reforma que se seguiu foi um golpe contra a lógica patrimonialista e clientelista que havia minado a possibilidade de construir uma burocracia profissional no Brasil. A interação com a política havia tornado predominante as práticas e estratégias de utilizar os cargos públicos como moeda política, bem como de alimentar a natureza clientelista e predatória do federalismo brasileiro. A burocracia federal tinha reduzida capacidade de formular políticas públicas e tratar adequadamente os problemas nacionais.

O ímpeto reformista foi uma tentativa de implantar estruturas gerenciais e de coordenação que fossem capazes de trazer racionalidade para a organização e a gestão do orçamento e dos recursos humanos. O plano de reformas proposto pelo governo incluía a criação de uma burocracia profissional nos moldes weberianos, movida pela racionalidade. Todavia, a principal intenção da reforma era restaurar a performance do aparato burocrático, tornando-o competente para gerenciar e organizar o crescimento do Estado nacional brasileiro. Mérito, racionalidade administrativa e centralização dos poderes foram os mecanismos considerados necessários para a execução de tal agenda.

Nesse período, os principais aspectos da reforma burocrática foram as mudanças ocorridas na gestão dos recursos humanos e orçamentários, bem como a criação de novas funções e de novas agências administrativas, expandindo o governo. A criação de novas funções expandiu consideravelmente o papel social e econômico do Estado intervencionista. Esse esforço de expansão da burocracia envolveu a introdução de formas mais rígidas de controle no interior do sistema burocrático. Uma radical mudança nos sistemas internos de controle burocrático foi considerada necessária para romper com a lógica patrimonialista e clientelista que vingava na burocracia brasileira.

[23] Vargas foi presidente por duas vezes: entre 1930 e 1945 e de 1951 a 1954. Tendo assumido o poder após a Revolução de 1930, foi eleito presidente da República pela Assembléia Constituinte em 1934 para um mandato de quatro anos. O período entre 1937 e 1945 é conhecido na história brasileira como Estado Novo, durante o qual o processo de construção nacional e a transformação do papel do Estado se tornaram questões-chave na agenda nacional. Para o segundo mandato, Vargas foi eleito pelo voto popular em 1950, tendo ficado no poder até 1954, quando se suicidou.

A nova Constituição brasileira de 1937 institucionalizou o novo regime, que estaria centrado num esforço colossal de *State-building*, conectando-o ao esforço de industrialização e modernização econômica. O Estado Novo introduziria um amplo conjunto de mudanças sociais, econômicas e políticas no governo federal, entre os quais a criação de um novo aparato burocrático era um alvo privilegiado de transformação. Essa mudança foi iniciada com a criação do Conselho Federal do Serviço Público Civil, criado pela Lei nº 284 de 1936. Através do Decreto-lei nº 579/38, esse conselho foi transformado no Departamento Administrativo do Serviço Público (Dasp), uma agência subordinada ao presidente, com poderes para formular e implementar a reforma administrativa.

O Dasp pretendia implementar uma ampla agenda de reforma administrativa cujos princípios eram os de transformar o *modus operandi*, a estrutura e a lógica de organização da burocracia federal brasileira. O órgão era responsável pela gestão dos recursos humanos, pelas compras do governo e pela introdução de novos métodos de planejamento e controle nos sistemas internos, bem como pela introdução do mérito e profissionalismo na administração pública. Para tal, o Dasp tinha a autoridade para conceber e implementar as políticas de recrutamento e de organização das carreiras nas agências administrativas. A criação de uma elite profissional, recrutada através de concursos públicos anuais, deveria ocupar as posições de comando na nova burocracia brasileira. A regulação desse novo padrão de recrutamento no serviço público foi institucionalizada com a criação do Estatuto dos Funcionários Públicos Civis, em 1939.

No fundo, a reforma Vargas centralizou e introduziu uma estratégia de maior controle sobre a burocracia, obtendo consideráveis avanços no sentido da performance. Todavia, muita resistência ao Dasp e a suas políticas era uma realidade. O forte controle sobre a burocracia e a lógica do profissionalismo como elementos inovadores vinham de encontro à cultura política e administrativa que se amalgamara no Brasil. Isto fez com que o Dasp se tornasse um dos principais alvos de ataques por parte dos diversos setores burocráticos.

A resistência à reforma foi uma das principais evidências desse período. Quando Vargas deixou o governo em 1945 e o regime democrático foi iniciado, o Dasp havia sido reorganizado e perdera em muito seu *status* e prestígio no governo, tendo seus poderes e funções reduzidos. Entre as funções que o órgão tinha perdido estavam o controle de pessoal e o do orçamento nos demais ministérios. Isso teve impacto sobre sua capacidade de controlar poderes especiais como indicar, transferir, promover e premiar funcionários públicos. Com a redução do controle sobre tais poderes, a lógica clientelista voltara a se organizar e, gradualmente, orientar o relacionamento entre política e administração no Brasil.

Na realidade, mesmo com o Dasp e a nova política de reformas, o relacionamento entre política e administração no Brasil não havia mudado. A modernização da burocracia brasileira não ocorreu de forma homogênea, mas, sim, através de uma forma dual. Vargas havia optado por uma estratégia dual de modernização para gerenciar a burocracia federal, na qual várias agências foram insuladas e passaram a funcionar dentro dos padrões meritocráticos, enquanto outros setores foram "abertos" ao uso do clientelismo.

No que se refere aos resultados obtidos pelo Dasp, pode-se considerar que ele atingiu resultados positivos onde tentativas anteriores não haviam sido bem-sucedidas. Bresser-Pereira (1998b) considera que a reforma burocrática empreendida pelo Dasp resultou em aspectos positivos e negativos. Ele aponta que os principais aspectos positivos foram:

- a difusão das idéias e práticas modernizantes baseadas em teorias sobre a administração e gestão pública vindas de países com tradição de reformas como os EUA, a Inglaterra e a França;
- a maciça institucionalização de programas de formação e profissionalização de servidores públicos;
- a criação de unidades administrativas descentralizadas na burocracia federal, as autarquias,[24] delegando poder e autoridade às agências administrativas.

Os principais aspectos negativos dessa reforma foram a natureza excessivamente centralizadora do Dasp; o amplo escopo e natureza dos objetivos da reforma, os quais eram demasiados para os recursos limitados do órgão; e, finalmente, a ênfase centrada nos controles burocráticos.

Outro resultado visível da reforma burocrática foi a expansão da administração pública, através da criação de agências administrativas operando de modo descentralizado. Na primeira administração Vargas (1930-45), 35 novas agências administrativas foram criadas. No seu segundo mandato (1951-54), essa expansão continuou e novas 21 agências – incluindo empresas públicas, autarquias, fundações – foram criadas na administração federal. Dez dessas novas agências foram criadas

[24] As autarquias são um tipo particular de unidade administrativa descentralizada da administração pública brasileira. Elas têm um certo grau de autonomia e flexibilidade em relação aos ministérios e outras organizações do governo central. As autarquias são criadas e reguladas por legislação do direito público, sendo destinadas a cumprir funções específicas na máquina governamental, especialmente a prestação de serviços. Exercem atividades relacionadas ao departamento ou ministério a que estejam vinculadas e não têm autonomia para a elaboração de políticas administrativas. As autarquias são a materialização dos objetivos de descentralização na administração pública brasileira. Consistem em uma "extensão" dos poderes do Estado.

para desempenhar papéis pertinentes a funções econômicas do governo, dentro do projeto industrializante.

O sucesso relativo da estratégia de ampliar os controles burocráticos e introduzir mérito na burocracia foi efetivo e sustentável por um longo período, dado que num regime autoritário e centralizador as reformas propostas não se depararam com os usuais vetos que emanam da política. O Congresso Nacional havia sido fechado em 1937, de acordo com a nova Constituição. As novas regras do jogo não possibilitaram a expansão de incentivos aos políticos para que continuassem com as práticas clientelistas em larga escala, como no passado. A centralização e a introdução de novos procedimentos para o acesso aos recursos burocráticos se constituíram em restrições à expansão do clientelismo. Entretanto, este não foi completamente erradicado, sobretudo nos governos subnacionais.

O Dasp funcionava como uma agência insulada na Presidência, e ao longo do tempo expandiu seus poderes e competências, especialmente quanto ao controle das decisões orçamentárias. O controle sobre as decisões referentes ao orçamento não ficou livre da reação dos demais setores burocráticos e de uma reação organizada dos demais ministérios, fazendo do Dasp alvo de resistência organizada aos esforços modernizantes. As disputas interburocráticas pelo controle orçamentário e os recursos humanos foram decisivas para a continuidade da política de reforma administrativa. Mostraremos a seguir que esse fator foi fundamental para explicar a extinção do Dasp. Enquanto Vargas esteve no poder, o Dasp foi protegido dos seus inimigos na burocracia. Assim que Vargas deixou o poder em 1945, o Dasp redefiniu completamente seu papel.

No período entre 1951 e 1963, um grupo de políticas de reformas administrativas foi perseguido. Contudo, não teve a aprovação formal nem a cooperação do governo federal. As reformas pretendidas foram baseadas em diversos estudos feitos pelo governo, no sentido de redesenhar a estrutura burocrática e suas funções, envolvendo, sobretudo, a redefinição do papel dos ministérios e das agências administrativas. Fundamentalmente, esses estudos propuseram a aplicação de um novo modelo descentralizado de delegação e controle, onde os ministérios deveriam ter ampliada a autonomia e autoridade em relação à Presidência. Por outro lado, as reformas pretendiam revisar os procedimentos e processos de controle sobre a burocracia. No entanto, essas transformações não aconteceram como pretendido.

## Do Plano de Metas à modernização autoritária

Ao final do governo Vargas os problemas de performance no aparato burocrático demandariam uma nova onda de reformas. Todavia, nenhum grande programa foi implementado no período que vai desde a introdução da Constituição democrática de 1946 até o golpe militar de 1964.

A administração Kubitschek (1956-61) havia implementado um plano de desenvolvimento nacional, o Plano de Metas, no qual estava claro o objetivo de aprofundar o modelo industrializante pela substituição de importações, no qual o Estado tinha um papel central no desenvolvimento. Esse modelo expandiu sensivelmente o papel do Estado em questões sociais e econômicas. Para desempenhar essas funções, o governo optou pela criação de um amplo conjunto de unidades descentralizadas, criando um aparato burocrático altamente especializado. Essa expansão representou uma radical mudança no modo como o governo brasileiro estava organizado e, ao mesmo tempo, elevou a complexidade para coordenar e controlar o funcionamento da burocracia. Novos sistemas internos de gerenciamento e controle, bem como novos modelos de relacionamento entre o governo central e as agências administrativas se fizeram necessários. Uma nova reforma era fundamental para lidar com esse novo papel e funções do governo.

A expansão dos novos papéis do Estado deu início a um novo arranjo administrativo e a um novo modelo de delegação de controle e autoridade, no qual se tornava clara a divisão do trabalho entre formulação e implementação das políticas públicas. As agências descentralizadas seriam os elementos administrativos responsáveis pela implementação das políticas públicas e, para tanto, foi criada uma "administração pública indireta", onde organizações públicas dotadas de maior autonomia jurídica e competência técnica para o desempenho de funções altamente especializadas seriam vinculadas aos ministérios na administração central. Essas novas organizações criadas foram as fundações públicas, as autarquias e as empresas públicas, que seriam reguladas de forma completamente diferente do antigo padrão, dado o grau de especialização, e pela diversidade de funções a serem atendidas conforme o novo papel desempenhado pelo Estado.

Em 1956, o presidente Kubitschek criou, através do Decreto-lei nº 39.855, a Comissão de Estudos e Projetos Administrativos, com o papel de estudar, formular e propor iniciativas e projetos para dar continuidade à criação de uma burocracia organizada pelo mérito, bem como repensar o papel do Dasp diante da nova burocracia que estava sendo erigida. Essa comissão enfrentou significativa reação de setores burocráticos e não teve o apoio político de atores no Executivo e Legislativo, sendo rapidamente extinta.

Após a extinção dessa comissão, a administração Kubitschek tomou outra importante iniciativa visando modernizar o aparato burocrático, com a criação de outra instituição, a Comissão de Simplificação Burocrática, através do Decreto-lei nº 39.510 de 1956. Trabalhando em conjunto com o Dasp, essa comissão tinha o papel de desenvolver estudos e projetos sobre os modelos de delegação de autoridade; sobre as estruturas e rotinas burocráticas nos ministérios; a definição das competências administrativas; a reorganização dos papéis e funções das agências administrativas; e também sobre a extinção de unidades administrativas. No entanto, os estudos realizados e as propostas dessa comissão não tiveram qualquer impacto transformador de longo alcance.

A expansão do papel do Estado não fora acompanhada de um sistemático esforço de revisão dos arranjos burocráticos e dos mecanismos internos de controle que permitissem uma mais efetiva forma de relacionamento entre o governo central e as unidades responsáveis pela implementação das políticas públicas. A tentativa de manter as barreiras meritocráticas e o forte grau de controle centralizado no Dasp foram erodidos progressivamente pela descentralização, dado que a rápida demanda por descentralização não foi acompanhada de um modelo mais racional de organização burocrática, originando sérios problemas de performance. A rápida descentralização era quase que inevitável e abria portas para os tradicionais modos de interação entre política e administração, nos quais estava clara a possibilidade dos atores políticos se comportarem oportunisticamente, usando o aparato burocrático como um recurso central para suas agendas políticas. Essa possibilidade reduzia em muito as chances de uma continuidade de esforço modernizante nos moldes de Vargas.

O governo tentou minimizar tal problema através da criação de fundos específicos para uma eficiente alocação de recursos públicos. Contudo, isso não funcionou como desejado. A descentralização resultara numa expansão considerável dos poderes das agências administrativas e, sobretudo, na ampliação de suas fronteiras para barganhar com os atores políticos. As forças políticas reiniciaram a promoção de políticas clientelistas, rompendo com os procedimentos meritocráticos e não se preocupando com a performance, sobretudo com a performance na provisão eficiente de serviços públicos. O modelo de crescimento burocrático havia tornado obsoleto os mecanismos de controles burocráticos e, fundamentalmente, a relação entre os ministérios e as agências administrativas, onde estavam os maiores problemas de performance. A delegação dera margem a novos incentivos que se mostraram negativos à racionalidade administrativa, à eficiência e à performance.

Em resposta a tal problema, o presidente Kubitschek, de modo semelhante a Vargas, optou por uma estratégia dual, insulando um pequeno número de agências na burocracia, destinadas a promover as principais políticas públicas no Plano de Metas. Essas agências insuladas, conhecidas como as "ilhas de excelência" na burocracia federal, deveriam ser controladas mais de perto pelo governo central e organizadas dentro de bases meritocráticas. Os demais setores burocráticos deveriam ser organizados de forma mais aberta à política e ao clientelismo. Essa estratégia dual foi considerada a forma viável de lidar com a vulnerabilidade da administração pública à política, ao mesmo tempo que foi possível desenvolver aquelas políticas mais diretamente articuladas à estratégia nacional de desenvolvimento.

A criação de novas agências administrativas e de uma administração pública "paralela" foi outra forma encontrada pelo governo para levar a cabo tais políticas, através de comissões e grupos executivos especialmente criados pelo presidente. Dados oficiais revelam que entre 1940 e 1995 sete novas autarquias foram instituídas, sete empresas públicas, sete fundos especiais e outros três tipos de organizações foram criados no interior da burocracia federal, aumentando o grau de descentralização administrativa sem maiores transformações nos modelos de controle.

Em 1963, outro grupo de políticas visando reformar a lógica e a dinâmica do governo federal foi introduzido. O novo modelo era baseado no princípio da "administração para o desenvolvimento", o qual considerava a expansão do Estado e a descentralização ingredientes centrais para atender às demandas por um desenvolvimento centrado no Estado. Esse período deu continuidade à expansão da administração pública e à descentralização de funções, mas, reguladas pela performance, o que foi uma grande inovação burocrática. Os servidores públicos passaram a ser regidos pela Consolidação das Leis do Trabalho (CLT), um conjunto de regras que orientava a relação trabalhista no setor privado desde Vargas. O objetivo reformista era o de criar incentivos na administração pública que permitissem ganhos de eficiência. Entretanto, isso não gerou os resultados esperados.

Daland (1967) argumenta que, nesse período, a burocracia brasileira nunca funcionou efetivamente para implementar as políticas públicas. Isso só foi possível devido à criação das "ilhas de excelência" através de mais descentralização. Ele alega que, na realidade, a burocracia brasileira sempre foi muito vulnerável ao processo político e, principalmente, ao clientelismo. As políticas de mérito e mais controle foram "estrategicamente evitadas" pelos governos como um modelo possível de permitir a nova burocracia que estava emergindo desde os anos 1950. O argumento era o de que a expansão descentralizada do Estado fora uma estratégia concertada que atendera aos seguintes interesses:

- promover mecanismos de mobilidade vertical para a classe média emergente;
- gerar benefícios concentrados para a classe média em troca de apoio político ao regime;
- expandir a ação da iniciativa privada através dos mercados.

O Estado e a administração pública se tornaram complexos e os problemas de performance continuaram a aumentar com o modelo descentralizado de intervenção. No entanto, novas reformas se faziam necessárias para elevar a peformance do setor público. Esse argumento deu margem à aplicação de uma nova reforma, comentada a seguir.

## A reforma administrativa de 1967

A nova burocracia e seus problemas de performance deram margem a uma nova reforma, iniciada pelo governo militar de 1964. O modelo de desenvolvimento social e econômico perseguido pelos militares deu continuidade ao processo de substituição de importações, no qual o Estado deveria ampliar sua intervenção em funções econômicas e sociais, através de grandes projetos nacionais de modernização, tais como os I e II PNDs (planos nacionais de desenvolvimento), completando a industrialização nacional. Esse período foi marcado por uma expansão da estratégia de descentralização, através da criação de um grande número de empresas estatais atuando como elementos centrais no desenvolvimento nacional.

A necessidade de transformar radicalmente o modelo de intervenção do Estado na economia, associada à necessidade de elevar a performance do setor público, resultou na elaboração de uma nova reforma da administração pública. O objetivo principal dessa reforma era introduzir ganhos de eficiência e racionalidade que alinhassem a burocracia ao novo padrão de intervenção pública centrado na ampla provisão de bens e serviços em moldes empresariais, atuando em áreas consideradas estratégicas para o desenvolvimento nacional.

A Constituição autoritária de 1967 modelou a estratégia reformista, e sua materialização viria com o Decreto-lei nº 200/67. A formulação dessa reforma foi delegada à Comissão Especial de Estudos da Reforma Administrativa (Comestra), presidida pelo ministro do Planejamento, com a função de analisar os projetos existentes de reforma administrativa, bem como iniciar a formulação de novos projetos. A Secretaria de Planejamento, na Presidência da República, era a agência com autoridade formal para coordenar a política de reforma, enquanto o Dasp e a Subsecretaria de Modernização e Reforma Administrativa eram responsáveis pela implementação.

A especificidade dessa reforma recaiu na tentativa de criação de um sistema racional de administração pública que possibilitasse organizar a produção pública de bens e serviços em larga escala, de modo semelhante ao setor privado. O Decreto-lei nº 200/67 dividiu as instituições do setor público brasileiro em quatro grandes tipos diferenciados, em termos de autonomia decisória, da fonte de recursos e da natureza jurídica: a administração direta, as autarquias e fundações, as empresas públicas e as sociedades de economia mista.

A reforma de 1967 criou um fenômeno novo e muito importante para a análise deste capítulo: a proliferação descontrolada de empresas estatais e outras organizações descentralizadas na administração pública brasileira. Essas empresas estiveram voltadas para a produção de bens e serviços (insumos básicos, utilidade pública, armazenagem, transporte e comunicações) expandindo a intervenção econômica do Estado, iniciada nos anos 1950, e modificando radicalmente a estrutura da burocracia brasileira.

Esse processo resultou na proliferação errática e descontrolada de organizações públicas, aumentando significativamente o tamanho da burocracia federal e, principalmente, a magnitude e natureza dos gastos públicos. A administração pública se tornara por demais complexa para gerenciar e coordenar, surgindo problemas de performance associados à descentralização.

A reforma de 1967 ressaltou a necessidade urgente de introduzir ganhos de eficiência e racionalidade na administração pública, através de substanciais transformações nos princípios organizadores da administração pública. A descentralização foi o mecanismo central dessa nova reforma. Todavia, este não se fez acompanhar de um sistema de controle que permitisse acoplar performance e *accountability* a esta nova matriz institucional, nem mesmo o de introduzir e consolidar um sistema de mérito na burocracia federal.

A reforma pretendia produzir ganhos de eficiência burocrática através da estratégia de separar claramente as funções de formulação e implementação de políticas públicas, onde as empresas estatais desempenhariam papel central no desenvolvimento econômico, com maior autonomia decisória e organizacional. O modelo de controle proposto previa a introdução progressiva de um sistema colegiado de controle e supervisão ministerial. Em tese, as entidades da administração indireta seriam supervisionadas e controladas pelos ministérios setoriais, no sentido de assegurar a realização dos objetivos perseguidos pelas entidades descentralizadas, a sintonia com as políticas setoriais de desenvolvimento nacional e a racionalidade e eficiência administrativa dessas entidades.

O modelo de controle proposto tinha uma natureza específica, os conselhos setoriais (usualmente presididos pelo ministro setorial específico), os quais deveriam fornecer suporte à atividade de supervisão ministerial, enquanto os colegiados gerais deveriam cuidar da integração entre os diferentes setores da política econômica e a atuação dos diferentes órgãos do setor público. Esse mecanismo de controle previsto na reforma não foi implementado conforme planejado. A descentralização e a expansão da burocracia brasileira não se fizeram acompanhar de um mecanismo capaz de introduzir controle associado à performance. Tal modelo não funcionou como previsto, trazendo sérios problemas para o funcionamento do setor público, que viria a ser uma das razões centrais para a crise fiscal do Estado nos anos 1980, como comentaremos adiante. Apenas para ilustrar, é de se notar que tal expansão do setor público se fez acompanhar de um elemento que colocou em xeque a sustentabilidade do modelo de desenvolvimento no longo prazo: o aumento do endividamento desse setor. Os dados apresentados na tabela 1 mostram o aumento vertiginoso da dívida pública, que passa de US$3,1 bilhões, no início da década de 1960, para US$53,9 bilhões, no início da de 80, o que significou uma expansão violenta dos gastos públicos e do grau de endividamento estatal naquele período.

Tabela 1

**Brasil – dívida externa bruta 1960-80 (US$ bilhões)**

| Ano | Dívida externa bruta | 1960=100 |
|---|---|---|
| 1960 | 3,1 | 100,0 |
| 1964 | 3,1 | 100,0 |
| 1970 | 5,3 | 171,0 |
| 1980 | 53,9 | 1.738,7 |

Fontes: Banco Central do Brasil e FMI.

Existem várias razões para tal fenômeno. Entretanto, o fato de as empresas se tornarem mais "importantes" que os ministérios, dada a crescente importância das estatais no processo de desenvolvimento nacional, inverteu completamente a lógica dos mecanismos de controle no contexto da reforma de 1967. As empresas e organizações criadas nesse novo modelo foram dotadas de autonomia sem um controle mais atrelado à questão da performance, sendo um problema central para o setor público, sobretudo em termos da efetividade e eficiência.

Dado o alto grau de especialização dessas entidades, os ministérios não dispunham da devida competência técnica para controlar a ampla diversidade de empresas públicas operando as mais diversas funções com níveis crescentes de complexidade. Esse fator contribuiu em muito para reduzir a capacidade de controle efetivo dos ministérios. Grande parte das decisões de políticas públicas passou a ser tomada pelas próprias empresas estatais, enfraquecendo consideravelmente o poder dos ministérios em seu papel de formulador. É exatamente nesse padrão descontrolado de crescimento do Estado que se encontram as raízes de muitos dos problemas de performance do Estado brasileiro.

Ao longo do processo de expansão do Estado, os ministérios foram perdendo progressivamente a capacidade de indicar os cargos de comando naquelas organizações, reduzindo em muito a capacidade de controle do governo central. O controle dos ministérios sobre essas entidades passou a se dar apenas no plano jurídico-formal, e sobre o orçamento, não sobre os padrões dos serviços, ou mesmo sobre a performance. Ao final dos anos 1970, o Estado brasileiro era bastante complexo, altamente fragmentado e sofria de problemas consideráveis de coordenação, em que a face mais visível desse drama era a frágil articulação entre a formulação e a coordenação das políticas públicas.

Outra dimensão associada ao fraco controle sobre a descentralização residiu no fato de que a reforma não conseguiu introduzir e consolidar o mérito como princípio organizador da nova burocracia. As agências descentralizadas, diante de tênues mecanismos de controle e da crescente importância no processo de desenvolvimento nacional, tiveram maior controle e autonomia sobre o processo de recrutamento do que os ministérios. Esse processo de recrutamento se deu de forma errática e desarticulada, não consolidando uma estratégia sólida de acesso à burocracia pública no Brasil. A ausência de uma política nacional de recrutamento de pessoal ampliou os incentivos para as interações entre política e administração, em um contexto de elevada fragmentação e desconcentração da autonomia decisória, com impactos negativos sobre a performance. O mérito não foi o princípio organizador em muitas das instituições descentralizadas. Na realidade, no Brasil, a descentralização se mostrou incompatível com mérito. Os primeiros esforços para organizar as carreiras no setor público, iniciados no Dasp, foram progressivamente erodidos pelo modo descentralizado de crescimento da burocracia federal.

Outro fator antagônico à performance do setor público foi a questão da estabilidade no emprego para servidores públicos. A Constituição de 1967 concedeu estabilidade no emprego para servidores públicos que tinham pelo menos cinco anos de trabalho na burocracia, se constituindo num obstáculo considerável à institucionalização do mérito. A progressiva retirada da exigência de concursos públicos para a entrada de funcionários públicos nas agências descentralizadas, sobretudo em instituições de pesquisa, e outras de alta especialização também contribuiu para a erosão da meritocracia e da performance do setor público. As entidades descentralizadas, sobretudo as empresas estatais, tinham autonomia para contratar pessoal especializado e para indicar os seus próprios dirigentes e especialistas, de forma não-coordenada pelos ministérios supervisores que as controlavam apenas em termos dos gastos realizados e de cumprimento ou não dos procedimentos burocráticos.

O ex-ministro do Planejamento Roberto Campos (1994) explica que o Decreto-lei nº 200 foi um instrumento de modernização administrativa. Contudo, muitos dos seus princípios nunca foram completamente implementados. Ele considera que um dos pontos não resolvidos dessa reforma foi a questão da separação de funções entre implementação e formulação, que nunca foi regulada de modo adequado a promover ganhos de performance no setor público. Ele observa que as agências nunca foram devidamente controladas pelo governo central por seus resultados, o que reduziu os ganhos de eficiência. Havia um problema central de coordenação burocrática provocado pela descentralização, e a reforma de 1967 não foi capaz de encontrar alternativa factível para superar esse crônico problema.

Ela foi mais um caso de falha seqüencial, sobretudo pela sua incapacidade de associar descentralização à performance, encontrando mecanismos de controle mais associados à natureza específica do Estado brasileiro e suas funções.

Em meados dos anos 1980, a Secretaria de Administração Pública realizou um estudo que revela as distorções geradas pelo Decreto-lei nº 200/67, e que deixa claras as falhas seqüenciais das reformas perseguidas até então no Brasil. Esse importante estudo mostra que a expansão da descentralização foi, de fato, uma política contrastante com o desenvolvimento de uma burocracia organizada pelo mérito. Desde os anos 1970, houve uma proliferação de diferentes classificações de empregos e salários nas autarquias e fundações, embora tais instituições fossem reguladas pelas regras básicas da administração federal, controlada pelo Órgão Central de Pessoal Civil, tornando difícil organizar a burocracia em torno de um princípio mais racional. O estudo mostra que até o ano de 1985 havia 104 diferentes divisões especiais nos salários do governo federal, envolvendo mais de 100 mil funcionários públicos regulados pela CLT, que eram contratados sem qualquer exigência de exames públicos e com salários muito superiores aos daqueles funcionários com salários regulados pelo Plano de Classificação de Cargos e Salários, de acordo com a Lei nº 5.645 de 1970.

Esses problemas se tornaram de grande magnitude, uma vez que no governo militar foram criadas 68 novas agências administrativas, das 120 instituídas no período compreendido entre 1945 e 1970. Das 440 empresas públicas surgidas entre 1939 e 1983, 267 (60%) foram criadas no período militar. A expansão desmedida e quase errática da descentralização criou um problema de controle, ou melhor, um problema de coordenação da formulação entre o governo central e as entidades responsáveis pela implementação, dando margem a consideráveis problemas de performance.

A expansão acelerada da descentralização do Estado brasileiro se acentua com o governo militar, onde o número de organizações públicas descentralizadas na administração direta cresce vertiginosamente, a uma taxa sem precedentes na história brasileira. Os dados apresentados na figura 1 confirmam que exatamente após o período 1964-66 é que o número de entidades descentralizadas cresce a uma taxa quase exponencial, indicando um aprofundamento da estratégia de expandir a burocracia brasileira de modo fragmentado e altamente especializado, criando uma administração pública indireta.

Figura 1
**Agências descentralizadas criadas por presidente (1900-84)**

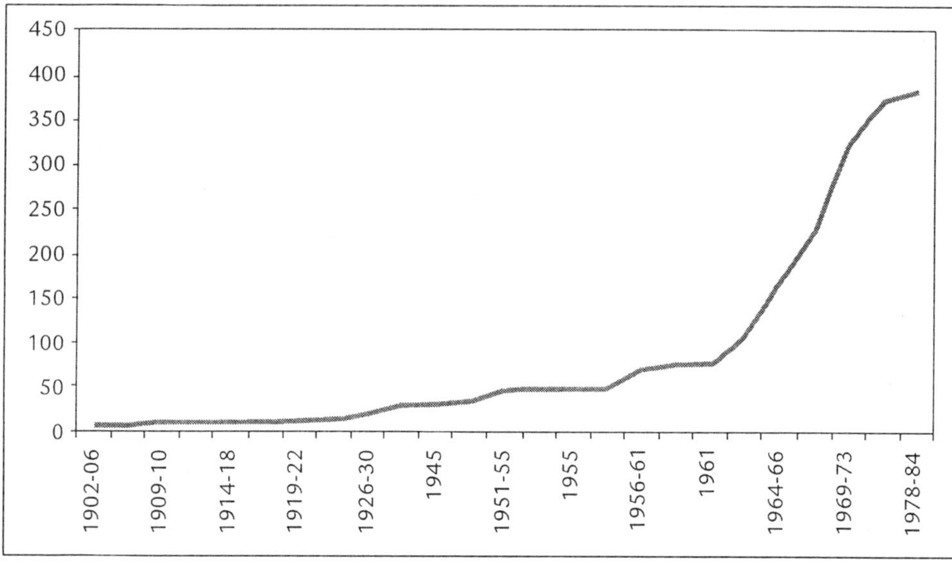


Fonte: MPO/SOF – Orçamentos da União.

A opção de crescimento do Estado e do aparato burocrático pela via da administração descentralizada não ocorre de modo homogêneo ao longo da história brasileira, como sugerem os dados do quadro 2. Tal estratégia se inicia de modo mais intenso no primeiro governo Vargas, como comentado anteriormente. Se de 1808 até 1930 havia apenas 17 entidades descentralizadas na burocracia federal, o primeiro governo Vargas cria 13, e ao final do seu segundo governo havia 47 entidades dessa natureza. Getúlio Vargas, Juscelino Kubitschek e os governos militares apresentaram uma maior taxa de criação de organizações da administração indireta, sendo, no entanto, os governos militares aqueles que mais criaram organizações desse tipo. Os dados mostram que no início do primeiro governo militar havia 110 organizações descentralizadas, passando para 384 ao final do governo Figueiredo em 1985.[25]

[25] O crescimento descontrolado do Estado brasileiro é analisado brilhantemente em Rezende (1987).

Quadro 2

**Organizações públicas criadas pelo governo (1908-84)**

| **Período** | **Administração** | **Organizações públicas criadas** | **Acumulado** |
|---|---|---|---|
| 1808 | D. João VI | 1 | 1 |
| 1822-34 | D. Pedro I | 0 | 1 |
| 1834-40 | Regências | 0 | 1 |
| 1840-89 | D. Pedro II | 2 | 3 |
| 1889-91 | Marechal Deodoro da Fonseca | 1 | 4 |
| 1891-94 | Floriano Peixoto | 1 | 5 |
| 1894-98 | Prudente de Morais | 0 | 5 |
| 1898-1902 | Campos Sales | 0 | 5 |
| 1902-06 | Francisco P. Rodrigues Alves | 1 | 6 |
| 1906-09 | Afonso Augusto Moreira Pena | 1 | 7 |
| 1909/10 | Nilo Procópio Peçanha | 1 | 8 |
| 1910-14 | Hermes Rodrigues da Fonseca | 0 | 8 |
| 1914-18 | Vensceslau Brás P. Gomes | 1 | 9 |
| 1918/19 | Delfim Moreira da Costa Ribeiro | 0 | 9 |
| 1919-22 | Epitácio Silva Pessoa | 4 | 13 |
| 1922-26 | Artur da Silva Bernardes | 0 | 13 |
| 1926-30 | Washington Luís | 4 | 17 |
| 1930-45 | Getúlio Vargas | 12 | 29 |
| 1945/46 | Ministro José Linhares | 0 | 29 |
| 1946-51 | Eurico Gaspar Dutra | 3 | 32 |
| 1951-54 | Getúlio Vargas | 13 | 45 |
| 1954/55 | João Café Filho | 2 | 47 |
| 1955 | Carlos Coimbra da Luz | 0 | 47 |
| 1955/56 | Nereu Ramos | 0 | 47 |
| 1956-61 | Juscelino Kubitschek | 23 | 70 |
| 1961 | Jânio Quadros | 7 | 77 |
| 1961 | Paschoal Ranieri Mazzilli | 0 | 77 |
| 1961-64 | João Goulart | 33 | 110 |
| 1964-67 | Humberto A. Castelo Branco | 58 | 168 |
| 1967-69 | Artur da Costa e Silva | 55 | 223 |
| 1969-74 | Emílio Garrastazu Medici | 99 | 322 |
| 1974-79 | Ernesto Geisel | 50 | 372 |
| 1979-85 | João Batista Figueiredo | 12 | 384 |

Fonte: Orçamentos da União (vários volumes).

Esses dados indicam o padrão específico do crescimento da burocracia brasileira e mostram o quanto a descentralização foi uma estratégia que tornou difícil encontrar mecanismos de coordenação e controle que pudessem lidar com tais entidades de forma mais racional e movida pelo mérito, tal qual inicialmente proposto por Vargas. A burocracia brasileira foi perdendo em muito a capacidade de se tornar movida pela performance, pois sua intensa diferenciação e crescimento acelerado tornaram muito complexa a introdução de padrões de controle que permitissem o adequado planejamento. O aparato burocrático não se mostrou capaz de exercer controle sobre o processo de proliferação de empresas públicas e de outras entidades administrativas dotadas de grande autonomia decisória. A burocracia federal havia crescido sem os mecanismos adequados de controle e dois problemas centrais emergiram. Primeiro, a expansão desmedida do gasto e déficit público, que se traduziu num problema de crise fiscal do setor público. Segundo, a desarticulação entre descentralização e performance.

Ao final dos anos 1980, tal padrão de intervenção tinha dado sinal de exaustão, e rever o papel do Estado na economia era de fundamental importância. A estratégia de crescimento do setor público sem maiores vinculações com a performance, havia produzido um desequilíbrio fiscal sem precedentes e, ao mesmo tempo, um Estado fragmentado que não conseguia articular as demandas sociais às suas políticas públicas.

## Democracia, crise fiscal e as novas razões para uma reforma

A crise fiscal do setor público foi um dos principais legados assumidos na agenda de políticas públicas da nova democracia brasileira. O Estado havia se tornado um problema e uma das principais fontes do processo hiperinflacionário que assolou o país na década de 1980. Era de fundamental importância rever o padrão de intervenção do setor público e, mais amplamente, o modelo de desenvolvimento nacional. Apesar de questão central na agenda, não se verificou uma estratégia clara de reforma, o que viria apenas a ocorrer em 1995, com a reforma gerencial conduzida pelo Mare.[26]

Em 1985, para lidar com a questão da reforma, embora de modo pontual, o governo criou uma nova comissão. A Comissão Geral da Reforma Administrativa deveria propor as políticas de modernização do aparato burocrático e reorganizar os sistemas internos de controle e gestão. Essa comissão elaborou propostas para reorganizar os sistemas administrativos, visando a melhoria dos processos de gestão

[26] Em 1995, havia 141 agências descentralizadas na administração pública brasileira, das quais 51,8% eram autarquias e 26,2% eram fundações.

dos recursos humanos, e sobretudo a questão dos gastos com a burocracia federal. Na realidade, a iniciativa não propôs nada inovador para restaurar a performance do sistema burocrático. Propôs uma "nova estratégia modernizante" para a administração pública, através de uma preocupação crescente com a questão da eficiência e com a provisão de serviços públicos para os cidadãos. A motivação central da reforma era a necessidade de desburocratizar a máquina administrativa e superar os crônicos problemas de performance. A questão imperiosa de desburocratizar a administração pública talvez tenha sido a questão nova trazida por essa reforma.

A agência responsável pela política de reforma era a Sedap (Secretaria de Administração Pública), criada em 1986. A Sedap iniciou seu programa de modernização administrativa extinguindo oito empresas públicas e formulando novas regras para a contratação de serviços pelo governo. Em novembro de 1986, 37 outras agências foram extintas. Também nesse período foram realizados visíveis esforços na elaboração de um cadastro dos servidores públicos civis, o Cadastro Nacional do Pessoal Civil, no sentido de gerenciar mais efetivamente os recursos humanos no governo federal. Não havia à época qualquer dado quantitativo confiável sobre o número de funcionários públicos no governo federal, o que revela o quão descontrolado foi o padrão de crescimento da burocracia pública. O governo federal desconhecia a realidade da administração pública brasileira, e, não menos importante, o tamanho do setor público. Havia apenas um controle pelo orçamento, como comentado anteriormente. Outras inovações pontuais, porém importantes, introduzidas pela Sedap, foram a reorganização dos sistemas internos de contabilidade, a regulação dos salários no governo federal com o Decreto-lei nº 93.214/86 e a introdução de um sistema mais efetivo de controle das empresas públicas.

Em 1990, com a administração Collor, um novo plano de reorganizar a administração pública e introduzir mérito na burocracia federal foi concebido. Na realidade, o presidente havia sido eleito com um forte apelo popular para a realização de reformas enérgicas para lidar com os problemas crônicos de performance do setor público brasileiro.

Inspirada pelas reformas em curso nos governos Thatcher e Reagan na Inglaterra e EUA, respectivamente, a nova reforma trouxe à tona a necessidade de reduzir o tamanho e o escopo do setor público, demitindo funcionários e privatizando empresas públicas, no sentido de reduzir os gastos públicos e abrir portas para o mercado na provisão dos serviços públicos. No diagnóstico do novo governo, a maciça interferência estatal na economia e a associada questão do desequilíbrio fiscal eram razões para realizar reformas enérgicas no padrão de intervenção do Estado. O setor público havia crescido descontroladamente para desempenhar atividades que poderiam ser mais bem realizadas pelo mercado. O evidente declínio de performance do modelo de desenvolvimento centrado no Estado e o retorno à democracia demandavam um novo papel para o Estado. A agenda de reformas, como pode ser visto no Plano de Reconstrução Nacional, deveria incluir propostas de desregulamentação de mercados, privatização de empresas públicas e o aumento da abertura para o mercado internacional. O velho papel do Estado estava sob ataque.

Imediatamente, o governo Collor demitiu um considerável número de funcionários públicos e introduziu mudanças no sentido da extinção da estabilidade no setor público. Em 1991, o presidente submeteu ao Congresso a Emenda Constitucional nº 59, com a qual pretendia alterar os dispositivos sobre a questão da estabilidade na burocracia federal, criando o Regime Jurídico Único e regulando as relações de trabalho no setor público. A proposta pretendia limitar a estabilidade apenas a funcionários públicos que atuassem nas "carreiras típicas de Estado" e a funcionários com mais de dois anos no setor público. Os demais deveriam ser regulados pelas leis do setor privado. Um ano depois, o presidente decidiu remover tal emenda constitucional do Congresso, evidenciando o fracasso de sua iniciativa. Com o *impeachment* do presidente Collor, os funcionários demitidos foram reintegrados e as reformas foram esquecidas.

## O problema da falha seqüencial

Como discutido neste capítulo, apesar dos esforços maciços em reformar o setor público no Brasil ao longo de um século, os problemas de performance persistem e novas reformas se fazem necessárias. Essa forte evidência empírica analisada para o caso brasileiro sugere o problema da falha seqüencial que levanto neste livro, e que em muito pode ser associada ao problema do controle. As grandes reformas administrativas ocorridas no Brasil, tanto no Dasp como no caso do Decreto nº 200/67, mostram que essas foram possíveis em um contexto autoritário no qual o Poder Executivo pode controlar, em muito, a interferência da política sobre a administração pública, aumentando as chances de implementação da reforma pretendida. Mesmo assim, as experiências analisadas demonstram que essas reformas deixaram intactos os problemas de performance, e mais reformas continuaram necessárias.

O caso brasileiro mostra que o modelo de expansão do Estado demandou uma expansão descentralizada, a qual não foi acompanhada de um adequado controle, fator potencial de redução da performance no setor público. A questão de como controlar melhor a burocracia visando a racionalidade e a eficiência esteve no centro de gravidade das reformas desde o tempo do Dasp, quando o governo Vargas iniciou um processo claro de modernização profissionalizante da burocracia brasileira, ao mesmo tempo que erigiu as novas instituições do Estado brasileiro. Tanto no governo JK quanto no tempo dos militares, a expansão descontrolada do Estado nacional levou a uma situação em que o Estado crescera demasiadamente sem os devidos mecanismos internos de controle que potencializassem a performance e, em conseqüência, questões de eficiência gerencial passaram a ser secundárias. A expansão do Estado empresário deu origem a uma burocracia altamente fragmentada sem mecanismos mais potentes de controle.

O que resulta desse processo é uma permanente tensão entre a questão da formulação e a implementação das políticas públicas, na qual o Estado apenas controla as agências pela questão dos recursos orçamentários e não por indicadores de performance. A excessiva autonomia e fragmentação das entidades da administração indireta tornaram os mecanismos de controle mais obsoletos. O problema do controle resultou em falha seqüencial, pois, na medida em que a expansão do Estado era fundamental ao desenvolvimento, isto se fazia acompanhar de um processo maciço de delegação de funções que resultou na constituição de agências altamente especializadas. Isso ocorreu sem um processo planejado de controle das questões fundamentais à performance como o padrão de serviços, o recrutamento, e sem uma articulação maior com as políticas nacionais. Ao longo do século XX o Estado nacional brasileiro se transformou em uma constelação de agências burocráticas operando de forma descontrolada. Problemas que preocupavam o Dasp na década de 1930, tais como racionalidade administrativa, eficiência, mérito e sistemas mais efetivos de controle, ainda preocupam os gestores públicos 70 anos depois, ressaltando a questão da falha seqüencial.

As evidências empíricas apontam para a realidade de que o Estado brasileiro cresceu demais, passou a intervir demasiadamente, de forma altamente descentralizada e com um claro descompasso entre a formulação e a implementação das políticas públicas. A modernização autoritária ocorrida com a reforma de 1967 criou incentivos que aumentaram esta tensão entre formulação e implementação, dada sua incapacidade de montar sistemas de coordenação e controle burocrático que fossem além da questão do orçamento e do cumprimento das regras.

Nos anos 1980, esse problema de controle resultou em um esgotamento do padrão de intervenção do Estado, quando a crise fiscal se tornou a "restrição-mor" à continuidade desse modelo de expansão centrado em tênues controles burocráticos. A questão do controle aparece como o ponto nevrálgico em todas as experiências de reforma administrativa no Brasil. A expansão do Estado e a demanda por mecanismos mais efetivos de coordenação e controle alteraram substancialmente a natureza da reforma de 1967 em comparação com a reforma Vargas. Entretanto, a questão de como controlar efetivamente a burocracia foi o tema central. A performance dependeria, ao mesmo tempo, da criação de entidades autônomas operacional e financeiramente e também da fundamental questão do controle. Importante ressaltar que, mesmo diante de governos tidos como centralizadores e autoritários, essa importante questão do controle não encontrou resolução.

No caso brasileiro, a evidência mais interessante é a de que essas reformas foram abortadas, terminadas ou reorganizadas de modo radical. Problemas de como controlar e gerenciar uma burocracia altamente fragmentada e especializada ainda permanecem como fundamentais à performance e, embora essencial, o modelo de crescimento do Estado brasileiro foi em parte descontrolado, pois as agências administrativas precisavam de reduzidos controles burocráticos para desempenhar suas políticas numa velocidade cada vez mais intensa, sobretudo a partir dos anos 1970. Apenas no período do Dasp, consideradas a natureza e a magnitude da burocracia brasileira na época, o governo pôde conseguir um maior controle sobre os procedimentos necessários à boa performance. A expansão acelerada e a transformação do papel do Estado não permitiram que mecanismos mais satisfatórios de controle fossem introduzidos, sendo cada vez mais distante a capacidade de articular a formulação e a implementação das políticas públicas.

Lima Jr. (1999) considera que a trajetória e a dinâmica da implementação das reformas administrativas no Brasil revelam um caso em que, mesmo sendo corretas em termos dos princípios, idéias e critérios, essas políticas têm alta propensão à falha. Ele considera que fatores como a natureza do processo decisório nas reformas, o reduzido grau de cooperação das agências administrativas e outros setores burocráticos, bem como a natureza muito ampla das políticas de reforma são fatores que, vistos de forma combinada, explicam em parte o insucesso das reformas administrativas no Brasil e também na América Latina. A questão do controle aparece como de fundamental importância para Kliksberg (1988), que assinala que nas reformas administrativas na América Latina os objetivos pretendidos quase sempre são alcançados. A questão do controle é que ainda permanece intocada, constituindo-se em um dos principais estrangulamentos. O modelo altamente descentralizado de desenvolvimento dos Estados nacionais na América Latina deixou claro que a descentralização não resultou em ganhos reais de eficiência nem de autonomia administrativa. Como conseqüência mais importante, permanece precária a articulação extremamente frágil entre a formulação e a implementação das políticas públicas. O Estado ainda continua a exibir problemas substanciais de performance.

CAPÍTULO 4

# AS RAZÕES DA REAÇÃO ORGANIZADA

Este capítulo discute as razões para a reação organizada à política de reforma administrativa de 1995. Ele desenvolve o argumento de que existem diversos fatores decisivos para a não-cooperação dos atores estratégicos com a reforma, dos quais dois são decisivos para o problema da falha seqüencial: a não-implementação da Câmara da Reforma do Estado – tal qual previsto no Plano Diretor da Reforma do Estado – e o forte interesse das agências controladoras no ajuste fiscal, isto é, na dimensão da reforma que visa a redução e o controle dos custos com a burocracia. O capítulo mostra que esses dois fatores contribuíram em muito para a resistência organizada em torno das propostas mais ambiciosas da reforma administrativa de 1995, criando um padrão específico de cooperação onde o ajuste fiscal adquiriu preponderância sobre a mudança institucional.

## A resistência organizada

O plano diretor havia previsto a criação de uma importante instituição de participação dos atores estratégicos no processo decisório da política de reforma, a Câmara da Reforma do Estado. Essa instituição de ação coletiva teria o papel estratégico de reduzir os conflitos em torno dos principais temas, propostas e projetos da reforma, potencializando a necessária cooperação dos atores estratégicos.

De acordo com o plano, tal instituição deveria ser coordenada pelo Mare e composta por representantes da Presidência da República, do Congresso Nacional, do Ministério da Fazenda e do Ministério do Planejamento e Orçamento (esses dois ministérios serão chamados, daqui para a frente, de agências controladoras), além de outros atores representando outros ministérios. Esse importante componente do processo decisório da reforma não funcionou como esperado. Não houve o forte envolvimento dos principais atores decisórios na institucionalização da Câmara da Reforma, o que trouxe profundas implicações para a questão da cooperação quanto aos objetivos pretendidos.

Na realidade, esse evento representou uma resposta não-cooperativa dos principais atores à política de reforma, diminuindo em muito a capacidade de o Mare, isoladamente, vencer as resistências. A principal razão para tal reação reside nos temas ligados ao poder e ao controle do processo decisório. A implementação da câmara ampliaria muito o papel do Mare em relação ao das agências controladoras e de outros setores burocráticos, reduzindo o poder de veto destes sobre as políticas da reforma. Controlando o orçamento e sem a câmara para reduzir o conflito, era muito mais fácil para tais agências reagir à reforma gerencial proposta, sobretudo às que envolviam redesenho e redefinição das formas de controle e delegação.

Flexibilizar o controle sobre os recursos humanos e orçamentários, visando o aumento da performance – com a criação das organizações sociais e agências executivas –, era questão altamente conflitante com os interesses das agências controladoras. Estas, na realidade, tinham grande interesse na questão do ajuste fiscal, o qual deveria ser obtido através de um maior e melhor controle sobre a burocracia federal. Sem a implementação da Câmara da Reforma as chances de o Mare conseguir a cooperação para o ajuste fiscal e a mudança institucional, simultaneamente, foram muito reduzidas.

O ex-ministro Bresser-Pereira explica que a implementação da política se tornou muito mais complexa sem a Câmara da Reforma e, ainda mais, altamente dependente dos interesses de outros atores estratégicos.

> O Mare não tinha poder para impor a reforma, nem fazer a reforma por decreto, como nos regimes autoritários (...) para que a reforma tivesse sido mais bem-sucedida, era absolutamente necessário ter uma instituição em que fossem tomadas, coletivamente, as principais decisões sobre a reforma e sua implementação. O presidente havia imaginado a existência de uma câmara da reforma, com a participação dos ministérios e outros atores estratégicos. Por várias razões, a câmara do Estado não funcionou como planejado, e isto fez com que a reforma passasse a ser, em muito, dependente de persuasão, e muito pouco de comando.[27]

Estudo realizado pelo Mare (1998k) mostra que os principais pontos críticos para a implementação das PBOs decorrem da implementação indutiva, na qual o Mare "induz" o ministério a implementar uma unidade-piloto de agência executiva ou organização social, conforme seja o caso. O estudo conclui que os principais

[27] Entrevista concedida por Bresser-Pereira ao autor em 1998.

obstáculos são a longa tramitação ou autorização legislativa para transformação institucional e a dificuldade de cooperação por parte dos ministérios e atores com maior poder de controle. A avaliação dos pontos críticos para a implementação das PBOs no período 1995-98 revela que os atores que controlavam recursos tinham resistência à flexibilização e à maior autonomia dessas organizações (Mare, 1998k).

> Há atores externos que jogam para obstaculizar, no curto ou médio prazo, as implementações e/ou o funcionamento das OSs e AEs. O Tribunal de Contas da União e segmentos contrários nos Ministérios da Fazenda e do Orçamento. Há pontos críticos relativos ao orçamento e finanças das AEs e OSs e a recursos humanos das AEs (principalmente, no que se refere aos contratos de gestão) que carecem de entendimento e definição por parte dos Ministérios da Fazenda e do Orçamento.

Sem o apoio desses atores, a transformação institucional passou a depender da cooperação individual dos ministérios para aderir à proposta de criar as PBOs em organizações a eles vinculados. Nesse processo, o Mare passou a realizar uma política de construir a cooperação dos ministérios, o que desvirtuou completamente o papel do ministério, caso houvesse uma instância decisória capaz de arregimentar tal cooperação. Esse processo se deu de forma fragmentada, errática e em bases individualizadas, dificultando em muito a desejada transformação na administração pública brasileira.

Com o controle sobre o orçamento, as agências passaram a ter um poder considerável sobre os ministérios, modelando em muito suas decisões de cooperar com a transformação institucional, ao mesmo tempo que se engajaram fortemente em processos de ajuste fiscal. Como mostraremos adiante, essa resposta tem muito a ver com a percepção e o cálculo das agências controladoras em relação aos custos e benefícios associados à mudança na estrutura de controle e delegação. Esse cálculo resultou em um padrão dual de cooperação, no qual as agências controladoras cooperaram ativamente com o ajuste fiscal, reagindo de forma intensa à mudança institucional.

Um gestor público no Mare explica que esse padrão específico de cooperação foi um dos fatores centrais para o insucesso da reforma e a extinção do ministério.

> O problema é que o Mare teve que lidar com essa resistência organizada (...) dentro do governo. O grau de resistência depende em muito da área do governo que você considera e que parte da reforma está sendo implementada. Quando os projetos se voltam para implementar o ajuste fiscal, existe uma cooperação dos diversos setores no governo. Por outro lado, ao mesmo tempo se verifica uma oposição "organizada" para as propostas de mudança institucional. Essa oposição é problemática porque o

> Mare teve que negociar com os diversos ministérios e organizações da administração indireta. Esse processo alterou significativamente os objetivos originais da reforma. O Mare passou a estar muito ligado à questão do ajuste fiscal, quando a reforma, inicialmente, se voltava para a criação das novas instituições do Estado.[28]

Mais adiante, chamaremos a atenção para o fato de que, no processo de reforma, se materializou um importante conflito de interesses entre o Mare e as agências controladoras. Para as agências controladoras, a performance dependia muito da redução dos custos com a burocracia, o que, fundamentalmente, estava condicionado à habilidade de o Mare ter maior controle sobre a administração pública. Nesse sentido, esses atores eram muito favoráveis à ampliação dos controles e à manutenção da lógica burocrática de mais controle. Para eles, a descentralização proposta pelo Mare era antagônica à questão da performance. A experiência de crescimento do Estado brasileiro havia provado para as agências que muito dos problemas de performance derivavam de tênues controles e de grande descentralização. É exatamente em torno da questão do controle que se situam as principais zonas de tensão em relação à reforma administrativa.

## A preponderância do ajuste fiscal

No processo de implementação da reforma, não houve qualquer conflito mais intenso entre o Mare e as agências controladoras no que diz respeito às políticas de ajuste fiscal. Nesse ponto, a cooperação das agências controladoras com o Mare foi intensa e altamente relevante para a sustentabilidade da reforma, ao longo do tempo. De fato, as agências controladoras e outros atores envolvidos no processo decisório da reforma tinham um fortíssimo interesse em cooperar com o Mare, na sua tentativa de reduzir os crescentes custos com o aparato burocrático. Além de ser altamente complexa, essa tarefa tinha custos políticos consideráveis.

Desde o início dos anos 1990, os diversos governos vinham adiando as intenções de avançar mais radicalmente com as políticas de corte dos custos com a administração pública, de privatização das empresas públicas, bem como em relação a outros mecanismos de controle e redução dos custos. Na realidade, as despesas com o governo e o déficit público vinham aumentando consideravelmente desde os anos 1980. Como mostram os dados oficiais, se no início dos anos 1980 o governo apresentara um saldo positivo de 4,1% do PIB em suas contas, em 1995 tal situação passaria a ser deficitária, atingindo um patamar de 13,3% do PIB. Por

[28] Entrevista concedida ao autor por um assessor do Mare.

outro lado, as despesas correntes evoluíram no mesmo período do patamar de 18,6 para 39,0% do PIB.[29]

A questão da crise fiscal do Estado assumiu dimensão central na agenda do governo Cardoso. Tal centralidade em muito se deve ao fato de os gastos com a administração pública representarem um importante componente na dívida pública brasileira. A necessidade de reduzir os custos com o governo estava fortemente associada à sustentabilidade do bem-sucedido Plano Real, adotado em 1994, para a estabilização econômica. A permanência dos altos custos com o governo certamente teria impactos negativos sobre a performance do Plano Real. Disso deriva o crescente interesse em torno da associação entre a reforma administrativa e o seu componente ajuste fiscal.

Segundo diversos diagnósticos realizados pelo governo, o setor público brasileiro era um dos principais responsáveis pela indisciplina fiscal e pela ineficiência no gerenciamento e uso dos recursos públicos, bem como pelo processo inflacionário que perdurava antes do Plano Real. O setor público brasileiro era considerado muito grande,[30] ineficiente e com reduzida performance. A reforma de 1995 vinha, exatamente, a ser o elemento pelo qual os ajustes necessários nos gastos com o governo seriam realizados.

A agenda de ajuste fiscal na reforma encontraria aliados poderosos para cooperar com as políticas propostas pelo Mare. No plano doméstico, esses aliados seriam, fundamentalmente, compostos pelas agências controladoras e pela Presidência, através da Casa Civil, que tem poderes sobre a coordenação das políticas públicas. No plano internacional, atores como o FMI e o Banco Mundial eram bastante cooperativos. A política de redução dos custos com a burocracia se tornou peça-chave para evitar a volta da hiperinflação e o crescimento descontrolado da dívida pública. A verdade era que o Brasil estava profundamente endividado. Por exemplo, em 1994, a rubrica pagamento dos juros da dívida representava 44% dos gastos públicos, superior, portanto, a qualquer outro gasto.

A agenda de redução dos custos com a burocracia foi implementada rapidamente e numa escala considerável, o que não havia sido realizado por outras reformas econômicas, ou mesmo administrativas. A transformação proposta pelo Mare estava muito alinhada com a noção de que era necessário privatizar funções públi-

[29] Tabelas 2 e 14 dos "Selected world indicators" (World Bank, 1997).

[30] Embora essa tenha sido uma retórica muito utilizada no Brasil para promover os programas de privatização de empresas públicas, dados comparativos mostram, sob várias formas de mensuração, que os países desenvolvidos têm um setor público maior que o brasileiro, que, na realidade, é um Estado pequeno.

cas. Isso, por sua vez, estava afinado com iniciativas como o Programa Nacional de Desestatização, implementado pelo BNDES, no Ministério do Planejamento, e um dos maiores programas do governo federal destinados a reduzir os custos com o Estado e sua máquina administrativa, reduzindo e transformando a intervenção estatal na economia e na sociedade. Portanto, o êxito da reforma administrativa era de fundamental importância para implementar o ajuste fiscal. Estava, portanto, diretamente alinhado com os interesses das agências controladoras e da Presidência, pois o sucesso do plano de estabilização econômica dependeria em muito de como se comportaria o dispêndio público.

Nesse sentido, as diversas estratégias e iniciativas de ajuste fiscal na política de reforma adquiriram um alinhamento com os interesses das agências controladoras. Ao aprofundar os esforços para reduzir os custos com o governo, o Mare assumiria os custos políticos dessa difícil tarefa. Desnecessário dizer que a implementação de iniciativas como a redução de pessoal, controle mais intenso dos custos, aperfeiçoamento dos sistemas internos de controle e melhora dos mecanismos de *accountability* geram custos políticos intensos, visto que impõem custos sobre as agências administrativas. Nesse sentido, as iniciativas de reforma dependeriam em muito de um *political entrepreneur* para implementá-las, uma vez que os custos resultantes do ajuste fiscal seriam concentrados no Mare e os benefícios conseguidos, difusos. As agências controladoras seriam beneficiadas pelos possíveis sucessos desse ministério.

Cabe observar que, visando maior êxito, o Mare assumiu uma estratégia altamente "controladora" sobre as agências administrativas, o que, conforme veremos adiante, evidenciou um alinhamento com os interesses dessas agências.

No caso do Mare, e também das reformas administrativas dos anos 1990, a questão central da reforma é o dilema quanto ao controle. Possivelmente, tal dilema diz respeito a outras experiências. Esse impasse ocorre na medida em que, para as agências controladoras, a melhoria da performance depende de um maior controle sobre os mecanismos burocráticos, no sentido de reduzir os custos. Para o Mare, a performance depende do ajuste fiscal e de uma mudança institucional, enquanto para as demais agências que executam políticas públicas a performance depende de menor controle. A dificuldade de uma cooperação simultânea para atingir objetivos resulta desse "desalinhamento" de interesses.

No caso brasileiro, a experiência histórica do crescimento do Estado mostrava que, diante da descentralização, grande parte do problema da crise fiscal poderia ser explicado a partir do progressivo relaxamento dos mecanismos de controle. A descentralização era, portanto, associada ao descontrole fiscal. Essa era a percepção dominante das agências controladoras. Por outro lado, as propostas de mudança institucional que pretendiam ampliar os poderes e as responsabilidades das agências administrativas através de novos mecanismos de controles regulados pela performance mereceram pouca atenção e credibilidade por parte da Presidência e das agências controladoras. Esses setores entenderam que tal medida pouco contribuiria para a melhora da performance.

Melo (1998) argumenta que as agências controladoras criticaram pesadamente o Mare em sua proposta de mudança institucional, sobretudo dada sua reduzida conexão com a realidade do problema da performance. As agências controladoras perceberam que se tratava de uma proposta divorciada das especificidades da burocracia brasileira, e que ampliar a descentralização aumentaria as chances de descontrole e fragmentação. A proposta era percebida pelas agências controladoras como antagônica e não-crível, dado que os problemas de performance da burocracia brasileira resultavam do excessivo grau de descentralização associado a precárias formas de gestão e débeis mecanismos de controle. O resultado foi uma reação organizada à nova matriz institucional.

Sem o apoio político das agências controladoras e com forte interesse na questão do ajuste fiscal, o Mare teve que optar por uma estratégia agressiva de persuasão junto aos ministérios e suas agências administrativas para transformar organizações em organizações sociais e agências executivas. Isso foi feito de forma isolada, sem um maior apoio dos interesses mais poderosos dentro do governo, reduzindo o espaço para uma maior cooperação com a reforma. O ex-ministro Bresser-Pereira explica como tal "barganha" individual pela cooperação dificultou a implementação da reforma.

> O problema na reforma administrativa é que o Mare quis negociar isoladamente com os ministérios. Não tivemos a cooperação que esperávamos, e isto foi um grande problema para a implementação. A persuasão foi a principal arma (...) 80% é persuasão numa reforma sem o poder e autoridade para implementar, o que torna o processo muito mais longo. O Mare teve que gastar muito tempo e energia para convencer os ministérios e outras instituições para transformar-se em agências executivas ou organizações sociais. Isso foi muito desgastante. A grande questão responsável por tudo isso foi que não tivemos poder e autoridade suficiente para implementar as mudanças institucionais desejadas no papel do Estado.[31]

Essa interessante evidência revela uma "reação organizada" das agências administrativas para com a reforma. As agências não aderiram "espontaneamente" às propostas do plano diretor, nem às questões relativas à performance. A resistência à cooperação se deve, em parte, aos pesados custos que a reforma traria para cada um dos ministérios e suas agências, sobretudo aqueles que mais profundamente iriam sofrer transformações institucionais. A reforma, quando associada ao problema do

[31] Entrevista concedida por Bresser-Pereira ao autor em 1998.

ajuste fiscal, foi muito atrelada ao problema da redução do tamanho do Estado, e não à questão da transformação dos mecanismos de controle visando a performance. Não era dominante a idéia de que muito dos problemas relativos à performance e ao ajuste fiscal resultava de obsoletos mecanismos de controle. As agências administrativas não perceberam, espontaneamente, que o que estava subjacente à política de reforma era a redefinição do padrão de controle entre o governo central e suas agências administrativas, entre a formulação e a implementação de políticas públicas.

O ajuste fiscal se tornou a parte mais visível da reforma, e os interesses e respostas cooperativas e não-cooperativas das agências administrativas ficaram centrados em torno dos custos e benefícios associados ao ajuste fiscal. Como a reforma propunha que o Estado deveria continuar atuando apenas nos setores considerados exclusivos, as organizações que não se incluíam nesses setores percebiam a reforma como um custo. A reforma beneficiaria importantes atores, tais como governadores, burocratas, gestores públicos, funcionários de carreiras típicas do Estado e os funcionários públicos atuando nas funções exclusivas do Estado, tal qual definidos pelo plano diretor. Por outro lado, aqueles setores que operavam em organizações fora das atividades exclusivas sofreriam altos custos individuais.

Ao analisar o padrão de respostas dos ministérios do Executivo brasileiro à política de ajuste fiscal no período pós-reforma de 1995, Rezende (2000) mostrou, empiricamente, que a atitude dominante foi a reação organizada. Ele explica que, diante de políticas de ajuste fiscal, as organizações respondem estrategicamente, tentando manter o nível de recursos humanos e orçamentários no tempo. Segundo o autor, trata-se de um padrão incremental de respostas, no qual, ao longo do tempo, se alternam pequenos ciclos cooperativos e não-cooperativos de respostas. As organizações tendem a apresentar períodos de cooperação, alternados com períodos equivalentes de não-cooperação com a reforma.

No longo prazo, esse padrão de resposta contribui sensivelmente para que se mantenha um saldo líquido cooperativo nulo. Os dados analisados para os diversos ministérios no Brasil confirmam essa reação organizada. Rezende conclui mostrando que as reformas geram reduzidos incentivos para a cooperação, ou seja, as organizações não se mantêm engajadas na redução e controle dos seus custos. Nesse sentido, as reformas administrativas demandam complexos processos de coordenação e controle que permitam criar incentivos para a redução e o controle dos custos.

No caso do Mare, esse processo se tornou muito complexo. A autoridade limitada para implementar a reforma, associada à não-implementação da Câmara da Reforma, e a percepção das agências controladoras quanto à questão da descentralização criaram consideráveis dificuldades para a implementação das organizações sociais e das agências executivas, corroendo as chances de sucesso do projeto de mudança institucional.

A resistência diante das propostas de mudança institucional, como veremos, em grande parte resulta do fato de que a proposta trazia implicações para alterar significativamente a distribuição da estrutura de poder no interior da burocracia. Em um modelo regulado pela performance, os ministérios perderiam muito do seu poder de controlar as agências implementadoras de políticas públicas, dado o maior grau de liberdade que estas teriam sobre a gestão dos seus recursos humanos e orçamentários. O controle estaria regulado pelos resultados, e isto implicaria profundas mudanças no modo como as relações entre formulação e implementação estavam organizadas desde o Decreto-lei nº 200/67. Ao propor uma radical revisão do papel do Estado a partir de um conjunto de novas instituições orientadas pela performance, a reforma de 1995 estava pondo em xeque as relações de poder, através de um conjunto específico de mudanças na relação entre a formulação e a implementação de políticas públicas, que é o ponto-chave dos problemas de performance do Estado brasileiro.

Outro fator de fundamental importância para entender a reação das agências administrativas foi a elevada dependência orçamentária destas em relação ao governo federal. O modelo brasileiro de desenvolvimento resultou numa administração indireta altamente fragmentada e dependente do governo federal para a obtenção dos recursos necessários à sua sobrevivência. Isso tornou a cooperação mais difícil, por duas razões bem específicas.

Em primeiro lugar, as agências controladoras difundiram a idéia de que o novo papel do Estado idealizado pela reforma administrativa tinha muito dos modelos minimalistas, neoliberais, em que a redução do tamanho do Estado era a idéia central. Esse discurso influenciou a resposta não-cooperativa de muitas agências da administração indireta, visto que isso estava progressivamente associado à idéia de privatização do Estado. A possibilidade de transformação em organização social ou agência executiva esteve associada à perda de *status* da organização pública, dentro do novo papel previsto para o Estado, ou mesmo, à perda significativa de recursos individuais.

Nesse sentido, a reforma representava uma importante perda para instituições que nasceram e cresceram sob uma forte presença estatal. Havia ainda os graves problemas associados à alta politização de setores considerados sociais, que viam no modelo proposto pela reforma a clara intenção de privatizar órgãos públicos. Para esses setores, a reforma não visava a aplicação de um novo mecanismo de controle nem um novo padrão de relacionamento entre os governos centrais e as organizações que implementam políticas públicas. O entendimento era de que a reforma tinha como objetivo uma "retirada do Estado" desses setores, os quais já haviam sido "consolidados como ganhos sociais" desde os anos 1930, ampliados e reforçados com o retorno à democracia em 1988.

Em segundo lugar, a reação à mudança institucional foi estrategicamente construída e difundida pelas agências controladoras. Tendo o controle orçamentário sobre os ministérios, e, conseqüentemente, sobre a administração indireta, as agências passaram a considerar concreta a possibilidade de redução anual dos orçamentos para os ministérios cujas organizações da administração direta a estes vinculadas cooperassem com as transformações institucionais ensejadas pelo Mare. As agências controladoras passaram a ter uma maior ingerência sobre os demais ministérios. Mesmo para aqueles setores em que não se fazia necessário um maior controle para elevar a performance, a possibilidade de perder os recursos do governo federal implicava buscar outras fontes de financiamento para sobreviver, o que não era uma opção muito atrativa para as agências.

## O padrão dual de cooperação

A cooperação parcial das agências controladoras com a reforma fez com que o Mare, para garantir sua sobrevivência, montasse uma estratégia de ação apoiada em um discurso que defendia a idéia de que o ajuste fiscal dependia muito da mudança institucional. Essa articulação não foi "espontaneamente" percebida pelos opositores da reforma. O Mare teria de mostrar que mudanças na estrutura de controle eram essenciais à questão da performance do Estado brasileiro, e que muitos dos problemas de ajuste fiscal dependiam da precária conexão entre formulação e implementação.

A grande questão para o Mare era como, num contexto de forte interesse pelo ajuste fiscal, tornar os diversos atores estratégicos preocupados com a questão de que a performance estava relacionada a uma mais efetiva forma de estruturação dos controles burocráticos. Reformar o Estado e a administração pública brasileira dependia cada vez mais de uma nova matriz institucional, de uma nova cultura burocrática e de uma *accountability* orientada pela performance. Os problemas de performance do Estado brasileiro não resultavam da descentralização, mas, sim, de uma descentralização realizada sem maiores preocupações com a importante questão da performance. A criação das PBOs em algumas funções do governo, alterando o papel de intervenção pública, era tão importante para a performance quanto o ajuste fiscal. Os contratos de gestão estabelecidos entre as PBOs e os ministérios deveriam tornar as organizações do governo mais responsabilizáveis e responsáveis em relação a objetivos específicos, suas missões e por tornar o governo mais eficiente e efetivo. Sem mudanças substanciais no modo pelo qual o controle estava organizado na burocracia, os problemas de performance iriam certamente permanecer intactos.

O discurso deveria deixar claro que a criação de relações reguladas pela performance entre os ministérios e as organizações da administração indireta deveria ser o ponto nodal de qualquer reforma orientada pela performance. A crise fiscal do Estado era apenas parte do problema e resultado de uma precária articulação entre formulação e implementação. Por mais que o governo fosse bem-sucedido nas suas políticas de redução de custos, a performance poderia não ser restaurada, uma vez que as novas instituições e um novo papel para o Estado brasileiro não haviam sido estabelecidos. A nova reforma trazia consigo uma agenda de mais descentralização, mas, diferentemente das reformas anteriores, uma proposta de regulação orientada pela performance. Nesse sentido, ajuste fiscal e mudança institucional, longe de serem antagônicos, eram complementares.

Embora a proposta de uma nova estrutura de controle fosse de fundamental importância para criar incentivos que atraíssem as agências administrativas para um esforço por uma maior performance, a conexão entre a mudança institucional e o ajuste fiscal continuou problemática, ao menos por três razões. Primeiro, porque para as agências administrativas a delegação de autoridade e autonomia estava associada a um menor orçamento e a menos proteção do governo federal. Segundo, porque para as agências administrativas havia uma proteção do governo federal para com as funções exclusivas, dado que, dentro do novo modelo, estas agências continuariam a receber maior atenção do governo federal e, por outro lado, continuariam a atuar sem relação direta com a performance. Terceiro, porque a criação das PBOs era percebida por setores sociais como uma forma indireta de retirar do Estado seus papéis e responsabilidades, pouco tendo a ver com questões de desempenho.

Tanto as agências controladoras quanto as implementadoras de serviços e políticas públicas reagiram de forma organizada diante das propostas de mudança institucional. A mudança institucional não foi percebida como algo positivo para o desempenho no curto prazo. Já o ajuste fiscal, especialmente a redução das despesas, poderia causar visíveis impactos no curto prazo e altos benefícios concentrados. Embora o Mare tenha feito um grande esforço para engajar as diversas agências na construção de um novo modelo de controle, estas foram motivadas pelos benefícios de curto prazo. A questão da performance foi reduzida ao ajuste fiscal. O ponto curioso é que, embora o ajuste fiscal viesse a impor algumas perdas individuais para as agências, elas continuariam a se beneficiar do governo federal, sobretudo em termos orçamentários, caso continuassem a operar segundo o velho modelo burocrático. Autonomia e descentralização não foram elementos suficientemente poderosos para convencer as agências a cooperar com a reforma.

A relação entre ajuste fiscal e mudança institucional não foi percebida pelas diversas agências do governo, o que tornou mais problemática a implementação da reforma. Na realidade, as agências preferiram manter o modelo institucional em vez de alterá-lo pela performance. Em grande parte, isso se deve ao dilema que envolve a questão do controle, em que não existe uma clara percepção sobre a relação entre demanda por controle e performance em relação a cada um dos objetivos a serem atingidos.

As razões para essa dualidade na cooperação das agências são bem explicadas nas palavras de um gestor público entrevistado no Mare:

> na implementação de uma reforma administrativa, você gasta grande parte do seu tempo convencendo as pessoas de que suas propostas não levarão a máquina administrativa ao descontrole, e que essas propostas são possíveis de realizar. Sua principal tarefa é a de passar credibilidade a esses atores e ter sua cooperação para os projetos da reforma. A possibilidade de impor uma reforma administrativa é muito remota. No caso da reforma proposta pelo Mare, existe uma particularidade que modelou as negociações do Mare com os outros atores. Essa particularidade está na clara diferença entre as propostas de ajuste fiscal e mudança institucional. Os projetos da mudança institucional não são bem vistos pelos atores mais poderosos no governo. Eles desacreditam das nossas propostas de redesenho institucional e têm um grande medo de perder o controle com a descentralização proposta. O medo de perder o controle vem, principalmente, do Ministério da Fazenda. Eles argumentam que a reforma gerencial levaria o governo federal ao caos, à corrupção (...) Por outro lado, quando se trata dos projetos que focalizam na redução e controle dos gastos, se verifica um apoio dos ministérios e atores que resistem à mudança institucional. A principal razão para isso é, ao meu ver, o forte interesse do governo em realizar o ajuste fiscal.

O medo de perder o controle sobre as agências administrativas assume centralidade na explicação, sob o argumento de que este é o principal problema causador da reação organizada ante a proposta de reforma. Na realidade, o interesse pelo ajuste fiscal sinalizou que mais controle era necessário para elevar a performance do setor público brasileiro. A descentralização iria produzir considerável mudança nos mecanismos de controle, alterando o *status quo* na dinâmica de "quem controla quem". A razão central para a reação das agências controladoras se assentava no cálculo dos ganhos e perdas potenciais em relação ao poder de controlar. A dificuldade em conectar ajuste fiscal e mudança institucional nas reformas dos anos 1990 está no fato de que existe uma grande ambigüidade sobre a necessidade de maior ou menor controle. O ex-ministro Bresser-Pereira explica o problema, mostrando que a reforma poderia ter sido implementada mais rapidamente se o Mare fosse dotado de poderes e autoridade formal sobre os demais atores no governo.

> O Mare esteve tentando convencer e ter o apoio dos outros ministérios para os projetos da reforma, tendo o argumento de que o novo modelo do Estado brasileiro levaria a melhores resultados do que o modelo atual. Isso foi problemático porque

não tínhamos a necessária competência formal para decidir sobre qual o modelo institucional. Ficamos na dependência da cooperação dos diversos ministérios com as organizações sociais e agências executivas (...) A implementação de reformas em regimes mais centralizados, como, por exemplo, na Espanha, é muito mais fácil. O primeiro-ministro se reúne com outros ministros e diz que irá implementar os projetos, e o processo decisório ocorre de cima para baixo sem muitas dificuldades. No Brasil, o processo decisório sobre a reforma de 1995 não funcionou dessa maneira, e, sim, de uma forma mais complexa. Aqui, o presidente diz para o ministro que quer fazer a reforma, e que o ministro a faça da melhor maneira, mas não existe compromisso maior com os projetos da reforma. Como uma reforma administrativa afeta toda a administração pública federal, sua implementação depende da cooperação dos demais ministérios. Eu penso que a reforma poderia ter sido mais efetiva se a Presidência tivesse tido o comando. Uma coisa é o Mare convidar os outros ministérios para cooperar, outra completamente diferente é a Presidência da República convidar os ministérios e dizer que têm que implementar a reforma. A transformação do Mare numa agência na Presidência poderia representar uma sensível melhoria para o futuro das reformas administrativas no Brasil.[32]

O dilema do controle foi central para explicar a reação organizada que gerou um padrão dual de cooperação com a proposta de reforma em 1995, tendo havido uma predominância do ajuste fiscal sobre a mudança institucional. Isso se deveu a alguns fatores específicos do contexto brasileiro, entre os quais dois são fundamentais para exacerbar o fenômeno: primeiro, não havia uma instância de ação coletiva capaz de encontrar alternativas pactuadas para a relação entre descentralização e performance; segundo, o modelo de crescimento descontrolado do Estado brasileiro fez com que a descentralização não fosse associada positivamente à performance, dificultando bastante a cooperação institucional com a reforma.

Nos dois próximos capítulos, mostraremos que isso esteve relacionado ao fenômeno do dilema sobre o controle, analisando com mais detalhes as razões para o padrão dual de cooperação em relação aos objetivos da reforma.

[32] Entrevista concedida por Bresser-Pereira ao autor em 1998.

CAPÍTULO 5

# A COOPERAÇÃO COM O AJUSTE FISCAL

Este capítulo examina as razões subjacentes ao padrão cooperativo das agências controladoras e das agências administrativas com as iniciativas de ajuste fiscal na reforma administrativa de 1995. O argumento do capítulo se desenvolve na direção de que esse padrão cooperativo foi dominante pelo fato de que as agências controladoras alinharam seus interesses com o Mare. Tal alinhamento foi possível por duas razões. Primeiro, havia uma predominância do interesse em promover o ajuste fiscal no setor público, uma vez que a redução dos gastos com a burocracia produziria impactos positivos na sobrevivência do Plano Real. Segundo, o êxito do Mare em tomar iniciativas pelo ajuste fiscal no setor público dependeu em muito da implementação de uma estratégia de "mais controles" sobre a burocracia, a qual se alinhava com os interesses das agências controladoras, facilitando a cooperação.

## As razões da cooperação

A questão da redução dos custos com a burocracia federal, embora necessária para o equilíbrio fiscal, não tinha sido enfrentada energicamente por qualquer outra reforma administrativa no Brasil. Um dos resultados visíveis do esgotamento do modelo de substituição de importações e do padrão de intervenção estatal associado a esse modelo foi a escalada da dívida pública, além dos excessivos gastos com a burocracia federal. O Estado era um problema ao final dos anos 1980. A reforma de 1995 considerou definitiva a questão da redução dos gastos públicos e dos custos da burocracia. O desequilíbrio fiscal do setor público era apontado como um dos principais fatores responsáveis pela instabilidade econômica. Todavia, a redução dos gastos públicos e a revisão do padrão de intervenção do Estado eram, em grande parte, "evitadas" pelos governos federais anteriores a 1990. A reforma da administração pública ainda não era tema central na agenda de governo, sobretudo no que se refere à dimensão do ajuste fiscal.

Reduzir os custos do setor público passava, fundamentalmente, por agir energicamente em diversos territórios usualmente antagônicos aos interesses dos governos, tais como cortes de despesas em programas governamentais e redução de pessoal e de gastos públicos de outra natureza. O ajuste fiscal passava, principalmente, por uma revisão dos padrões de relacionamento entre política e administração. Nesse sentido, esse era um tema que apresentava consideráveis custos políticos. Além do mais, era tarefa extremamente dificultada pela indisponibilidade de informações sistemáticas sobre a administração pública federal. Aliás, antes da reforma de 1995, os principais números da administração pública não só não eram sistematicamente divulgados como sequer eram elaborados de forma regular. O governo não tinha um efetivo conhecimento da dinâmica de funcionamento da administração federal, bem como dos mecanismos responsáveis pelo aumento dos gastos públicos. A expansão descontrolada da administração federal, bem como a pouca relevância anterior das agências responsáveis pela gestão administrativa, não criara no Brasil uma cultura de produção e difusão de informações sistemáticas sobre a administração pública, dificultando a tarefa.

Ao final de quatro anos trabalhando energicamente no ajuste fiscal, o Mare atingiu resultados impressionantes e inéditos. Conseguiu reverter e controlar uma tendência de expansão acelerada dos gastos públicos, verificada desde os anos 1980. Dados oficiais confirmam o êxito das políticas de ajuste fiscal no período de existência do Mare. Por exemplo, quanto à relação entre a despesa de pessoal e a receita corrente líquida (%) e o número de funcionários públicos. Enquanto o primeiro indicador passou do patamar de 56,2 para 39,7%, o segundo caiu de 1.140.711 para 809.585 funcionários.[33] De forma surpreendente, o controle dos gastos com a administração pública foi bem-sucedido. Que fatores podem explicar tal êxito?

A explicação está, em grande parte, na estratégia de cooperação das agências controladoras, que foi possível dado o alinhamento de interesses quanto a conseguir maior grau de controle sobre a administração pública como forma de melhorar a performance. A reforma ampliou as oportunidades para que o governo pudesse controlar efetivamente as despesas com a administração federal, em um programa executado por uma agência federal, com competência formal, *expertise* técnico-legal e acesso à informação sobre a administração pública, o que aproximou do Mare os atores interessados no ajuste fiscal.

[33] *Boletim Estatístico de Pessoal* do Mare, jan. 2002.

O governo federal considerou a reforma administrativa uma das necessárias (juntamente com a da previdência e a tributária)[34] para implementar o ajuste fiscal, tendo adotado medidas como a implementação do Programa de Estabilização Fiscal (PEF) e a institucionalização da Comissão de Controle e Gestão Fiscal. O PEF engloba iniciativas de natureza estrutural e institucional que objetivam erradicar as causas do desequilíbrio fiscal e estabelece metas para o superávit primário no setor público. O conjunto de medidas de natureza estrutural envolve a regulamentação da reforma administrativa, a aprovação e regulamentação da reforma da Previdência Social, a instituição da Lei Geral de Previdência Pública, a efetivação das reformas tributária e trabalhista e a implementação da Lei de Responsabilidade Fiscal.[35]

Como parte da estratégia de redução das despesas com o setor público, o Mare promoveu uma política agressiva de ampliação dos sistemas internos de controle (pessoal, compras e licitações, auditorias, folha de pagamento e outros mais) visando reduzir custos. Essa política foi possível, uma vez que o Mare tinha autoridade para controlar, de forma mais efetiva, os mecanismos que contribuem para o crescimento dos gastos com a administração pública. Esse fator, associado a uma ampla política de privatização e extinção de órgãos públicos, foi decisivo para o sucesso das estratégias de ajuste fiscal. No período 1995-2000, o quadro de servidores civis (ativos e aposentados) foi reduzido de 1,5 milhão para 809 mil, enquanto 60 órgãos federais foram liquidados ou extintos. No período 1991-2000 o governo federal extinguiu ou liquidou 57 organizações nos diversos setores da administração pública, distribuídas tal como apresentado na tabela 2.

Já que o Mare possuía *expertise* e maiores chances de controle sobre a administração federal do que qualquer outro ministério no governo, pôde conseguir resultados efetivos no curto prazo. O sucesso na redução das despesas com a administração pública dependeria muito da capacidade do órgão de empreender tal tarefa. Levando em conta os benefícios associados para as agências controladoras, estas cooperaram rapidamente com o Mare.

---

[34] Para uma análise comparada dessas reformas, ver Melo (2002).

[35] Com o PEF, o Poder Executivo assumiu (de forma inédita no Brasil) um compromisso legal em relação as suas metas de superávits primários. Fixadas através do Decreto nº 2.773/98 e da Medida Provisória nº 1.716/98, estas metas foram de, no mínimo, R$5 bilhões para 1988 e R$8,7 bilhões para 1999. Nesse mesmo ano, o governo federal realizou um corte de aproximadamente R$9,5 bilhões na dotação orçamentária das despesas correntes e de capital de diversos órgãos da administração pública, aprofundando os esforços pelo ajuste fiscal (Presidência da República. Mensagem ao Congresso Nacional. Brasília, 1999).

Tabela 2

**Extinção e liquidação de órgãos públicos por tipo (1991-2000)**

| Tipo | Total | Total (%) |
|---|---|---|
| Administração direta | 19 | 33,3 |
| Autarquias | 8 | 14,0 |
| Empresas públicas | 3 | 5,3 |
| Sociedades de economia mista | 16 | 28,1 |
| Fundações | 11 | 19,3 |
| Total | 57 | 100,0 |

Fontes: MPE e MPG — Departamento de Extinção e Liquidação.

Embora essas agências percebessem a necessidade de maior controle burocrático como estratégia para elevação da performance, a percepção do Mare não era idêntica. O Mare entendia que o ajuste fiscal era apenas parte do problema e que se fazia necessária uma nova matriz institucional orientada pela performance e estruturada sobre padrões flexíveis de controle.

Para as agências controladoras, grande parte do declínio da performance do setor público no Brasil era explicada pelo grau de "descontrole" sobre a burocracia decorrente da excessiva descentralização que marcou o crescimento do Estado brasileiro, sobretudo após a reforma modernizadora de 1967. Ampliar a autonomia gerencial das agências descentralizadas, especialmente num ambiente de extremo cuidado em relação à questão do ajuste fiscal, não era de interesse das agências controladoras. Isso dificultou extraordinariamente a cooperação com o Mare na construção de um novo modelo institucional pautado nas organizações sociais e agências executivas, tal como proposto pelo plano diretor.

O não-alinhamento de interesses foi um fator decisivo para a emergência de uma estratégia do Mare de convencimento desses atores de que o problema da performance estava profundamente interligado a um novo modelo institucional. Para tal, foi necessário que o órgão atingisse resultados rápidos e convincentes nas suas políticas de ajuste fiscal. O fato de ter atingido esses objetivos de modo rápido e efetivo deu credibilidade ao Mare e a suas políticas, porém não foi suficiente para motivar uma cooperação com a mudança institucional. Como se pode depreender da seguinte passagem, o dilema do controle foi um fator de grande importância para explicar a resistência à reforma por parte das agências controladoras:

> A redução da reforma à questão do ajuste fiscal não era bem-vista pelo Mare, que tinha a percepção de que a questão das novas instituições do Estado era decisiva para a reforma. Estava claro, dentro do Mare, a necessidade de um melhor funcionamento do Estado brasileiro e de suas instituições. Isso passava fundamentalmente por uma revisão do padrão de relacionamento entre política e administração no Brasil, e principalmente, a partir de uma alteração no problema crônico entre os papéis e responsabilidades sobre a formulação e implementação das políticas públicas. A reforma pretendia construir um novo modelo de delegação e controle, ampliando a autonomia, centrado nos resultados. Entretanto, esse foi o ponto de tensão com as agências controladoras. Estas resistiram à idéia e o Mare teve que agir vigorosamente na parte dura da reforma, isto é, o ajuste fiscal. Essas políticas foram implementadas estrategicamente, visando uma cooperação futura do governo para a questão da mudança institucional. A reforma proposta e implementada pelo Mare foi uma maneira de conectar um discurso inovador de mudança institucional com um discurso altamente conservador de ajuste fiscal. Todavia, esse discurso era necessário para o Mare conseguir a ajuda de setores como Fazenda e Planejamento. A implementação da reforma foi possível dado o ajuste fiscal. Sem ele, a reforma não teria passado de um discurso.[36]

Essa passagem mostra que, embora o ajuste fiscal não fosse a prioridade central da reforma nos seus estágios de formulação, acabou se tornando, considerados os interesses das agências controladoras, o que provocou uma inflexão nos propósitos da agenda de reformas. O Mare teve que cooptar com tais interesses para garantir sua sobrevivência, fazendo da importante questão da mudança institucional uma segunda prioridade. O ataque frontal do Mare ao ajuste fiscal ampliou a credibilidade das propostas mais ambiciosas da reforma, bem como a visibilidade do ministério como ator estratégico na delicada questão da reforma do Estado. Todavia, foi o alinhamento dos interesses em torno da estratégia de "mais controle" que tornou possível a cooperação, como mostrado a seguir.

## Performance fiscal e controle

O sucesso do Mare no ajuste fiscal dependeu em grande escala da capacidade de o órgão atacar efetivamente as causas do crescimento dos gastos na administração federal. O fato de o Mare deter informações e controle sobre os mecanismos internos da administração pública e seus problemas de funcionamento, bem como o apoio técnico e político das agências controladoras, foi fundamental.

Apesar dessas "vantagens competitivas", faltava ao Mare o controle sobre um recurso fundamental para o ajuste fiscal, o orçamento. O controle desse importan-

[36] Entrevista concedida ao autor por um gestor público da Secretaria da Reforma do Estado.

te recurso estava nas mãos das agências controladoras, ampliando a margem de influência dessas agências na reforma administrativa. Foi o que de fato ocorreu. As agências controladoras utilizaram os recursos orçamentários de forma estratégica, controlando a cooperação dos ministérios com as transformações institucionais propostas pelo Mare. O mecanismo central de controle foi a "ameaça" das agências controladoras em cortar recursos orçamentários caso um dado ministério cooperasse com a transformação institucional.

O Mare dependia do apoio técnico das agências controladoras para implementar suas políticas de controle dos recursos humanos, tanto que diversos gestores públicos migraram dessas agências para o ministério, especialmente para a Secretaria de Recursos Humanos (SRH), que se tornou peça-chave na reforma fiscal.

O Mare optou por uma política ativa de ampliação do controle sobre os sistemas internos de gestão de pessoal, de compra e de serviços gerais. Tal estratégia atingiu resultados significativos no curto prazo, como explica o ex-ministro Bresser-Pereira:

> com o propósito de reduzir os gastos do Executivo federal, a Secretaria de Recursos Humanos implementou uma política de auditoria rigorosa sobre a folha de pagamento do Executivo. Essa estratégia resultou numa redução de despesas da ordem de R$40 milhões no primeiro mês de implementação. Penso que ela poderia resultar em uma redução de custos da ordem de R$500 milhões por ano.[37]

A estratégia de ampliação do controle sobre os mecanismos internos da burocracia visando a redução das despesas com pessoal atingiu resultados concretos nos primeiros dois anos da reforma. Dados oficiais revelam que os gastos com pessoal no governo – Executivo, Judiciário e Legislativo – como um todo declinaram, mostrando uma deliberada estratégia do governo federal em controlar os custos. Apenas no Poder Executivo os gastos foram reduzidos em R$1,7 bilhão nos dois primeiros anos da reforma.[38] Os gastos com pessoal, que representam a grande parcela dos gastos federais, foram reduzidos de R$38,5 para R$36,3 bilhões no mesmo período.

A redução do quadro de servidores federais também foi uma política clara do governo. O número total de servidores públicos civis no Executivo foi reduzido em 15% no período 1995-2000. Nesse enxugamento, quando comparadas as diversas categorias de servidores públicos, tal qual mostra a tabela 3, é possível verificar que houve uma redução em diferentes intensidades, sintonizada com o novo

[37] Entrevista concedida por Bresser-Pereira ao autor em 1998.

[38] Segundo o *Boletim Estatístico de Pessoal* do Mare (out. 1998), os gastos do governo federal passaram de R$45,8 milhões, em 1995, para R$44,1 milhões no período 1995-97.

papel do Estado proposto pela reforma. Nesse processo, apenas o Ministério Público ampliou seus quadros. Setores como as sociedades de economia mista, as fundações e as empresas públicas tiveram reduções consideráveis. A força de trabalho da administração direta foi reduzida em 16,5%. Esses resultados confirmam a efetividade política da reforma fiscal desencadeada pelo Mare.

Tabela 3

**Quantitativo de servidores ativos no Executivo federal (1995-2000)**

| Setor | 1995 | 2000 | Taxa de crescimento (%) |
|---|---|---|---|
| Executivo (civis) | 630.763 | 536.321 | -15,0 |
| Administração direta | 244.961 | 204.553 | -16,5 |
| Autarquias | 208.994 | 195.296 | -6,5 |
| Fundações | 113.734 | 87.063 | -23,4 |
| Banco Central do Brasil | 6.205 | 4.653 | -25,0 |
| Ministério Público da União | 5.225 | 7.324 | 40,1 |
| Empresas públicas | 35.932 | 29.935 | -16,9 |
| Sociedades de economia mista | 15.712 | 7.497 | -52,2 |

Fonte: *Boletim Estatístico de Pessoal* do Mare (2002).

Os resultados obtidos pelo Mare revertem uma tendência de expansão nos gastos do governo, sobretudo com pessoal, o que pode ser visto como um sucesso parcial da reforma. A explicação para o sucesso é em grande parte atribuída à amplificação do controle dos sistemas internos e, principalmente, do controle sobre as "irregularidades" existentes.

Grande parte dos problemas fiscais da administração pública brasileira resultara de um longo processo combinado de tênues controles fiscais (*soft budget constraints*), práticas patrimonialistas, grande autonomia descontrolada das organizações públicas, bem como da relação perversa entre política e administração. A descentralização descontrolada produzira reduzidos incentivos para o equilíbrio fiscal. A reforma fiscal e o reforço dos controles burocráticos evidenciaram o esgotamento do padrão burocrático e de suas vicissitudes, sobretudo a partir de seus indesejáveis custos. A relação entre política e administração resultara num processo contínuo de elevação dos gastos federais. Estava claro para o Mare que os custos da burocracia tinham muito a ver com o descumprimento das leis (*the unrule of the law factor*) e da cultura burocrática não orientada pela performance. A estratégia de mais controle sobre as irregularidades administrativas era uma opção deliberada de atacar frontalmente o descontrole.

Nesse sentido, as agências controladoras estavam parcialmente corretas em seus diagnósticos sobre a relação entre controle e performance. A ausência de controles internos mais rígidos produzira impactos indesejados sobre a performance. Ampliar a capacidade de informação confiável sobre a administração federal era uma das estratégias decisivas para o sucesso da gestão fiscal. Na realidade, os números básicos da administração federal não eram sistematicamente produzidos pelo governo federal como subsídio para o planejamento e gestão no setor público.

A política de mais controle para ajuste fiscal demandou mais informação especializada sobre a administração federal, sobre os mecanismos e fontes de crescimento do gasto e, principalmente, sobre as irregularidades. O padrão errático de crescimento do Estado e da burocracia, como comentado anteriormente, não foi acompanhado de mecanismos internos de controle, e isto era apontado como um fator decisivo para a contínua elevação dos gastos e erosão da performance. Bresser-Pereira explica que no ambiente democrático se amplificaram os efeitos nocivos da política sobre a administração:

> a explicação principal para as distorções no cumprimento das leis administrativas recai no fato de que, no período entre 1985 e 1994, a política de gestão dos recursos humanos foi baseada na idéia de descentralização sem preocupação com formas efetivas de exercer o controle. O grande problema é que a folha de pagamento do setor público reflete o modo particular que a política interfere com a administração. Ainda predominava a tradicional idéia clientelista do emprego pelo emprego na administração pública. A crise da "falta de controles" sobre a política começou com a transição do regime em 1984 e se ampliou com a Constituição de 1988. Esta foi montada a partir de compromissos políticos muito difusos que contribuíram em muito para a expansão dos gastos federais. Ela criou um conflito distributivo, em que as demandas por gastos públicos se tornaram muito elevadas, e os recursos escassos.[39]

A reforma de 1995 partiu da premissa de que a estratégia para elevar a performance dependia de mecanismos de controle nos sistemas internos de gestão da administração federal. O ajuste fiscal dependia largamente de um ataque frontal e de um controle vigoroso do uso político da administração pública. Como o Mare tinha a missão formal e o poder administrativo para implementar tais controles no curto prazo, as agências controladoras cooperaram com a política do ministério. Essa cooperação resultou em ganhos líquidos no curto prazo. O Mare reverteu um padrão histórico

[39] Entrevista concedida por Bresser-Pereira ao autor em 1998.

de crescimento dos gastos públicos, bem como da expansão desmedida do pessoal no Executivo, ampliando as possibilidades de ajuste fiscal.

Esses resultados concretos auferiram maior visibilidade e credibilidade ao Mare, tornando-o uma das mais importantes agências do governo federal. A sua capacidade de reduzir os gastos e a chance de produzir informação especializada se tornaram valiosos recursos num contexto em que a pressão por "ajuste fiscal" era intensa. Os resultados produzidos eram de grande interesse para o governo federal em suas negociações com agências multilaterais, especialmente com o FMI. A redução dos gastos públicos atingidos pela reforma administrativa foi reportada positivamente pelo FMI no seu *Memorandum of economic policies*, de 1999.

> A política de reforma administrativa tem implementado a base necessária para uma redução dos gastos com pessoal e desburocratização do serviço público em todos os níveis de governo. Grande parte do aparato legal da política de reforma – incluindo leis que limitam os gastos com pessoal como um percentual da arrecadação líquida, e uma lei regulando a demissão de funcionários públicos em casos de excesso de quadros – foi aprovada pelo Congresso (...) O governo federal tem dado passos concretos para a redução dos gastos com pessoal através de melhorias administrativas, incluindo iniciativas para identificar e corrigir irregularidades. Essas iniciativas têm-se voltado para rever a estrutura salarial e para alinhar os salários no setor público com os salários no mercado. Ainda foram implementadas medidas para desburocratizar o serviço público e introduzir maior flexibilidade nos processos de gestão dos recursos humanos.[40]

A redução dos gastos federais com a reforma da administração pública[41] associada ao programa de estabilização fiscal do governo federal foram elementos im-

[40] No original: "*The administrative reform has laid the necessary basis for a sustained containment of personnel expenditures and streamlining of the civil services at all levels of government. Most of the legislation regulating the implementation of the reform – including a law which sets specific limits on payroll as a share of net revenues at various levels of government, and a law regulating the dismissal of civil servants in cases of excesses over these limits – have been passed recently by Congress (...) the federal government has taken steps to reduce its payroll through administrative improvements, including steps to identify and correct payrolls irregularities. It is reviewing federal salary scales, to adapt more closely to the salaries in the private sector. It is also considering additional steps to streamline the civil service, and introduce additional flexibility in the management of human resources in the public administration*" *(Brazil memorandum of economic policies*, IMF, July 1999).

[41] Uma das mais importantes vitórias da reforma administrativa foi a aprovação no Congresso do projeto de emenda constitucional no capítulo sobre a administração pública. Para alguns autores, e para o ex-ministro Bresser-Pereira, tal qual constatei em várias conversas, essa foi a mudança institucional mais importante na reforma e que, por si, seria um argumento contrário à questão da falha que levanto neste livro. Discordo radicalmente desse argumento, na medida em que a mudança constitucional foi importante, mas que sem a cooperação dos atores as transformações institucionais propostas pelo Mare para introduzir um novo modelo de relacionamento entre formulação e implementação acabaram não passando do papel. É nesse sentido que se pode falar de falha.

portantes para o governo federal conseguir um empréstimo de R$40 bilhões com o FMI em 1999, momento em que o Plano Real estava dando sinais claros de exaustão. A credibilidade do Mare no plano internacional se concretizou com o apoio institucional do Banco Interamericano de Desenvolvimento (BID) para os projetos do plano diretor. Tal credibilidade doméstica e internacional é explicada com clareza na passagem a seguir.

> O Mare foi ganhando a credibilidade dos demais atores do governo e fora do governo pelo fato de que estava fazendo um trabalho competente de gestão da administração pública, articulado com a questão da redução dos gastos federais, o que era uma tarefa evitada pelos outros governos. A política do ministério foi a de agir com maior capacidade de controle sobre os sistemas de informação e controle existentes, refinando-os e introduzindo mecanismos de controle para atuar, sobretudo, nas irregularidades. A reforma ainda trouxe outro elemento novo: a produção de estatísticas consolidadas sobre a administração federal, que nunca havia sido de interesse do governo. Esse esforço dependeu sobremaneira da cooperação de especialistas vindo de ministérios como Fazenda e Planejamento, o que foi decisivo para aumentar a confiança nas políticas de ajuste fiscal do Mare. Entretanto, essa cooperação não se estendeu às propostas de criar o novo modelo de Estado, que continuaram a ser percebidas negativamente pelos demais setores do governo.[42]

## Controle, cooperação dual e conflito interno

A cooperação dos atores domésticos e internacionais na política de ajuste fiscal produziu um conflito interno que foi decisivo para a sobrevivência do Mare. Na medida em que a cooperação com o ajuste fiscal foi dominante, se estruturou um desequilíbrio de poder interno que culminou com a extinção do ministério.

Os objetivos principais da reforma, o ajuste fiscal e a mudança institucional eram conduzidos pelo Mare através da Secretaria de Recursos Humanos (SRH) e da Secretaria da Reforma do Estado (SER). A SRH era a responsável pelas medidas de ajuste fiscal enquanto as iniciativas de mudança institucional eram da competência da Secretaria da Reforma do Estado.

A cooperação dos atores domésticos com o ajuste fiscal conferiu um substancial aumento de poder à SRH. A responsabilidade formal pela implementação de medidas de controle e gestão da administração federal tornou essa secretaria o elo entre o Mare e as agências controladoras. Uma quantidade significativa de *experts* nas áreas de orçamento e finanças migrou dos ministérios do Planejamento e da Fazenda para a SRH. O objetivo era cooperar tecnicamente com o Mare e dar

[42] Entrevista concedida por um assessor da Secretaria da Reforma do Estado.

credibilidade ao processo junto a setores mais conservadores na burocracia, além de, fundamentalmente, estabelecer uma "linguagem" comum que permitisse o diálogo entre os diversos ministérios.

Essa cooperação ampliou consideravelmente o poder e o papel da SRH, que passou a ser o principal agente responsável pela produção e gestão de informação especializada sobre a administração federal. Uma maciça quantidade de dados sobre gastos, quantitativo de pessoal, estrutura e composição da força de trabalho, salários, carreiras, bem como outros dados de extrema importância para o controle da administração federal passaram a ser sistematicamente produzidos. Pela primeira vez na história recente, os grandes números da administração federal foram revelados e se tornaram elementos-chave no processo de melhor gestão e controle sobre os recursos humanos.[43]

As novas tecnologias de controle e gestão da informação permitiram introduzir um leque de controles mais sofisticados sobre os sistemas internos de gestão federal. Com isso, o Mare iniciou rupturas com o modelo "patrimonialista" de uso e circulação da informação na burocracia e abriu "janelas de oportunidades" para a redução dos custos, controlando melhor a folha de pagamento e as irregularidades administrativas. A SRH aumentou sua capacidade técnica e com isso foi possível controlar um amplo conjunto de agências que operavam de modo descontrolado, com grande autonomia e sem grandes preocupações com a questão da eficiência. Bresser-Pereira explica com mais detalhes:

> nos três últimos anos, a principal política da SRH foi padronizar a folha de pagamento e realizar auditorias. A grande evidência revelada pelo processo foi a clara inexistência de mecanismos de controle na administração federal. As organizações descentralizadas funcionam com precárias formas de controle, especialmente sobre os recursos humanos. Por outro lado, o governo federal não tinha ainda utilizado os recursos tecnológicos adequados para lidar com essa característica. O que a SRH fez foi usar a tecnologia da informação para desenvolver estratégias claras de controle mais efetivo sobre as práticas e sobre os mecanismos que impulsionam o gasto público (...) Antes da reforma de 1995, a folha de pagamento era manualmente alimentada e sem qualquer sistema de filtros que permitisse a verificação e o cumprimento das regras administrativas (...) na realidade, ninguém conhecia mais detalhadamente esse conjunto de práticas, nem como estas impactavam sobre o gasto público com a administração federal (...) em 1996, como resultado imediato das políticas de controles, conseguimos atingir uma redução de R$1 bilhão na folha de pagamento, sem

[43] Antes da reforma de 1995 não havia qualquer informação pública sistemática sobre a administração federal que servisse de subsídio para o planejamento e decisão estratégica no governo. O Mare agiu intensamente na produção dessas informações e iniciou a produção mensal do *Boletim Estatístico de Pessoal*.

> qualquer mudança na legislação. O gasto com pessoal para esse ano fiscal que foi estimado em R$42 bilhões, foi de apenas 40,9 bilhões.[44]

Os rápidos resultados alcançados pela política de redução dos custos com a burocracia conferiram enorme poder à SRH. A cooperação das agências controladoras se deve em grande medida ao alinhamento em torno das estratégias necessárias para o encaminhamento do ajuste fiscal centradas no controle dos mecanismos ou das causas históricas da expansão dos gastos públicos no Brasil, fazendo com que a SRH se tornasse o elo entre o Mare e as agências controladoras e desenvolvendo uma "linguagem comum do controle burocrático". A *expertise* do Mare e seu deliberado esforço em controlar as razões do crescimento do gasto da administração federal foram alguns elementos catalisadores da cooperação, tal como explica um gestor público (da Secretaria de Reforma do Estado – SER) entrevistado:

> no passado, pelo fato de que as instituições responsáveis pela gestão da administração pública não tinham recursos humanos qualificados, nem os recursos tecnológicos apropriados, as principais decisões sobre pessoal e gastos eram realizadas pelas áreas econômicas e financeiras do governo. Havia pouca integração entre as funções de gestão e gastos públicos. Antes do Mare, os ministérios responsáveis pela função gestão não possuíam competência técnica para discutir assuntos relativos aos gastos públicos com os outros ministérios da área econômica e financeira. Isso ocorria porque essas áreas do governo tinham quadros altamente qualificados e eram consideradas "ilhas de excelência" na burocracia federal. Por outro lado, eles não possuíam a informação e o poder formal para alterar "por dentro" o modo pelo qual a gestão do pessoal era feito. Isso competia ao Mare, e ele usou estrategicamente tal recurso como chave para atrair e interagir mais concertadamente com os outros ministérios na questão do ajuste fiscal. A reforma de 1995 "integrou" as funções gestão e gastos. As áreas da Fazenda e Planejamento enviaram quadros para trabalhar com o Mare. Essa articulação foi decisiva também para aproximar o Mare da Presidência e suas políticas econômicas. A grande cooperação desses setores com a reforma não havia sido prevista pelo Mare. O Mare teve que desenvolver, rapidamente, uma linguagem sobre a questão dos gastos, para interagir com os outros setores do governo envolvidos no ajuste fiscal. Isso fortaleceu a cooperação.

O alinhamento dos interesses em torno do ajuste fiscal produziu uma reversão nas políticas internas e na postura da SRH. Esta, que tradicionalmente era preocupada com questões de administração, passou a ser progressivamente mais orientada pelos ganhos de eficiência, sobretudo pela redução dos custos, o que traduz o efeito da migração de uma cultura do ajuste fiscal. Isso refletiu uma escolha racio-

[44] Bresser-Pereira (1998b:285-286).

nal do Mare por integrar as funções "gestão" e "gastos" visando obter a cooperação das agências controladoras. Essa escolha se materializou na medida em que o Mare decide por uma estratégia de "mais controles", alinhando os interesses e permitindo a cooperação.

No plano interno da organização, a escolha de um secretário de Recursos Humanos mais preocupado com a articulação entre as duas funções materializou a opção do Mare em cooperar com a lógica de mais controles, conectando eficiência e performance. O modo específico pelo qual ocorre tal inflexão na política interna da SRH é explicado da seguinte forma:

> em 1995, a SRH era orientada apenas pela produção das regras do funcionalismo público e da administração federal. Não havia grandes preocupações da secretaria com questões mais amplas de eficiência. Ao longo do processo, a entrada de um novo secretário alterou radicalmente a política interna, e as preocupações com a redução dos custos e mais eficiência se tornaram a política da secretaria. A SRH optou por uma política agressiva para controlar os gastos com pessoal, especialmente com o controle dos salários, vantagens e toda sorte de privilégios. Como tal política impacta sobre aproximadamente 1,1 milhão de funcionários públicos, houve uma reação organizada de interesses dos políticos, dos ministérios e dos funcionários públicos. Todavia, a SRH tinha uma forte proteção dos atores mais importantes no governo, e isto permitia responder com austeridade às decisões de controle dos gastos. Sem tal cooperação da Casa Civil, da Fazenda e do Planejamento a política teria certamente sido alterada.[45]

A opção pela estratégia de mais controle sobre a burocracia abriu as portas para uma gestão mais eficiente dos recursos humanos e do controle dos gastos. Todavia, o claro sucesso nessa arena, a despeito de sua importância, não produziu incentivos para a cooperação com a outra porção da reforma, e isto exerceu impacto decisivo sobre o Mare.

O ajuste fiscal, entretanto, era apenas parte do problema da performance no setor público. Estava claro para os atores no Mare que uma melhor gestão dos sistemas internos de controles burocráticos era necessária, porém, insuficiente para a melhoria da performance. A mudança institucional e a criação de um novo padrão de articulação entre formulação e implementação se faziam necessárias, além das medidas de controle dos gastos. Parte do problema da expansão dos gastos no setor público resultava da inadequada estrutura de incentivos que regiam a organização interna da burocracia brasileira. Nesse sentido, mudança institucional e ajuste fiscal eram complementares. Por exemplo, embora o Mare tenha consegui-

[45] Entrevista concedida por um diretor da Secretaria de Recursos Humanos.

do reduzir o tamanho do Estado, em termos do número de servidores públicos, o grande problema do governo federal não era o de ter muitos funcionários públicos, mas sim a alocação, o uso e a qualidade da força de trabalho, que resultavam em grande parte dos incentivos existentes na burocracia. Um amplo esforço para rever esses mecanismos de recrutamento, alocação e qualificação dos funcionários públicos, por exemplo, se faria necessário para se conseguir ganhos de eficiência e de qualidade no setor público. Essas medidas certamente não resultariam de políticas de "cortes", mas sim de mudanças institucionais que permitissem transformar os incentivos internos. A redução do quantitativo de servidores não era por si um mecanismo capaz de restaurar isoladamente a performance. A conexão entre ajuste fiscal e mudança institucional é assim explicada:

> a gestão eficiente da administração federal demanda mudança institucional. Do ponto de vista operacional, isso demanda definir precisamente as missões das organizações do governo, seus papéis, e daí se ter uma melhor noção da real demanda por funcionários públicos em cada setor. A burocracia brasileira ainda carece de mecanismos que controlem melhor a questão da alocação dos seus recursos humanos. As tentativas de entender mais de perto os mecanismos existentes ainda é uma tarefa muito conflitante (...), sobretudo porque é grande a pressão política e dos diversos órgãos para manter "descontrolados" os mecanismos de transferência de pessoal. Ainda é muito grande a transferência de pessoal entre órgãos públicos sem uma articulação com as demandas. Os ministérios e as organizações da administração indireta ainda preferem operar com os seus próprios mecanismos de controle. Existe uma clara relação entre a elevação dos custos e a questão das transferências federais. Ainda falta eficiência no uso e no controle sobre a força de trabalho.[46]

A questão da alocação dos recursos humanos, embora fundamental para a elevação da performance, não se constituiu objetivo principal das políticas de ajuste fiscal. No Brasil, grande parcela dos funcionários públicos está alocada em funções ligadas à manutenção e gestão burocrática, tendo pouca conexão com funções ligadas à provisão direta de serviços públicos. Nesse sentido, a qualificação e reorientação da força de trabalho – e outras iniciativas para um melhor funcionamento interno da burocracia –, em grande parte, depende da revisão das instituições e não apenas de medidas de ajuste fiscal.

Na realidade, as distorções e os problemas de performance da burocracia brasileira resultam em grande parte da ineficiência de um modelo de controle entre os ministérios e as agências administrativas. Os defensores da elevação da performance pela via única do ajuste fiscal passam ao largo dessa questão. Para eles, a performance

[46] Entrevista concedida por um diretor da Secretaria de Recursos Humanos.

não tem conexão com a evolução e flexibilização do controle. A experiência histórica no Brasil tinha mostrado que a descentralização resultara em desequilíbrios fiscais, em um perverso modo de relacionamento entre política e administração e, fundamentalmente, em um precário padrão de relacionamento entre as funções de formulação e implementação. Para as agências controladoras, a elevação dos controles internos era o mecanismo de superação dos problemas de performance.

Este capítulo discutiu as razões para a cooperação das agências controladoras com o ajuste fiscal. As evidências apresentadas foram na direção de um alinhamento dos interesses em torno das estratégias de mais controle sobre a burocracia, o que foi decisivo para o sucesso da implementação das medidas de ajuste fiscal desencadeadas pelo Mare. Essas evidências também apontam para o fato de que a elevação da performance "extrapola" a visão fiscal do problema, na medida em que está intensamente condicionada à questão do papel do Estado, a um novo padrão de controle entre as funções de formulação e implementação das políticas públicas, e fundamentalmente a uma maior *accountability* no sistema burocrático brasileiro. Tais iniciativas, por dependerem de mudanças nos sistemas de controle, confrontam decisivamente os interesses das agências controladoras, que privilegiam a estratégia do maior controle. Como mostraremos no próximo capítulo, as tentativas de introduzir performance via mudança institucional não obtiveram a cooperação requerida.

CAPÍTULO 6

# AS RAZÕES DA NÃO-COOPERAÇÃO COM A MUDANÇA INSTITUCIONAL

Este capítulo discute as razões da não-cooperação dos atores com a mudança institucional proposta pelo Mare para alterar a estrutura de controle e delegação na burocracia brasileira, orientando-a pela performance. A análise realizada demonstra que a principal razão para a não-cooperação reside no dilema do controle. Isso foi decisivo para a extinção do Mare em 1999 e a posterior transformação da política de reforma administrativa no Brasil.

## As razões da reação

Existem diversas razões para a não-cooperação das agências controladoras e das demais agências administrativas em relação às propostas de mudança institucional na reforma administrativa.

Do ponto de vista das agências controladoras, a percepção consolidada de que, no caso brasileiro, a descentralização era prejudicial à performance foi decisiva para impedir a introdução de uma nova matriz institucional orientada pela performance com a criação das PBOs.

Para as agências controladoras, a criação das organizações sociais e das agências executivas em alguns setores da burocracia aumentaria os problemas decorrentes da delegação, da coordenação e do controle, com possíveis impactos negativos sobre a performance, especialmente a fiscal. O modelo de crescimento do Estado brasileiro demonstrara que a expansão descentralizada não fora acompanhada de mecanismos de controle, resultando em desequilíbrio fiscal, bem como em um descompasso entre a formulação e a implementação das políticas públicas.

Nesse sentido, as agências controladoras tinham uma clara preferência por estratégias que se distanciassem de um menor controle. Esse fator explica a reação coletiva dos setores burocráticos mais conservadores e com maior poder dentro do aparato burocrático à inovadora proposta de aplicar um novo modelo de controle para regular as relações entre formulação e implementação.

Ainda, as agências controladoras nutriam grande descrença na proposta de transformação institucional. Para elas, a nova matriz institucional era pouco realista e inadaptada à especificidade da burocracia brasileira. O modelo proposto era visto como "importado" da experiência anglo-saxônica e pouco claro sobre como, no modelo brasileiro, a expansão das autonomias, da *accountability* e da delegação poderia resultar em maior competência gerencial numa cultura burocrática movida por resultados.

Já as agências administrativas, que eram consideradas alvos potenciais das novas instituições do Estado, isto é, dos setores que, com a reforma, se transformariam em organizações sociais e agências executivas, associavam a mudança institucional diretamente à redução das responsabilidades do Estado, ou seja, a uma "retirada" do Estado de algumas funções sociais. O novo papel do Estado tal qual proposto pela reforma estava reduzido às funções mínimas e às funções de formulação de políticas públicas, deixando o papel de implementar as políticas para as novas instituições. Essa divisão era percebida pelos atores objeto das reformas como uma política que beneficiaria diretamente os setores que continuariam com as "garantias" da proteção do Estado. Os setores-alvo da nova matriz institucional consideraram em seus cálculos a perda de proteção e de *status*, à medida que elas fossem se transformando em organizações sociais e agências executivas.

Mais um fator importante, considerado no cálculo estratégico dessas agências, foi a possibilidade concreta de perder gradativamente parcelas substanciais dos orçamentos. A autonomia decisória sobre os recursos humanos e orçamentários não foi percebida como fator-chave para melhor performance, mas, sim, como potencial para a perda das vantagens de estar controlado pelo governo federal nos moldes tradicionais, sem qualquer conexão com a performance. Os ganhos de performance do novo modelo, ou seja, a regulação por resultados, eram antagônicos aos interesses das agências do governo, visto que poderiam afetar a sobrevivência dessas agências como "públicas".

Outra razão decisiva para a resistência das agências administrativas foi o fato de as propostas da reforma terem sido construídas nos moldes tradicionais, isto é, uma solução única para casos diferentes (*one-size-fits-all*), deixando de considerar o amplo leque de especificidades das várias agências descentralizadas do governo. A reforma não buscara desenhar um modelo de transformação institucional que se ajustasse aos problemas de performance de cada setor, ou, ao menos, de cada agência, como o modelo americano e seus laboratórios de reinvenção. A proposta de mudança institucional não tinha sido construída a partir de um diagnóstico realista sobre os fatores que reduzem a performance em cada caso.

A reforma brasileira era percebida pelas agências como uma estratégia que estabelecia três caminhos possíveis, definidos considerando apenas suas funções. O grande problema era convencê-las de que estavam enquadradas em setores considerados foco da reforma – "fora", portanto, das funções exclusivas do Estado – e que seriam controladas por resultados, num contrato de gestão. Isso significava perdas substanciais de prestígio, poder e recursos. O controle pela performance era antagônico à cultura burocrática brasileira. Delegação com tênue controle tinha sido o legado institucional que movia a burocracia brasileira. Uma cultura orientada pela performance e responsabilização era frontalmente contra o *status quo*.

Havia uma grande dose de conflito e tensão entre o Mare e os ministérios quando se tratava de "escolher uma organização" para ser transformada em organização social ou agência executiva. Não era fácil convencer individualmente as agências de que continuariam "públicas" com a mudança institucional e não perderiam recursos orçamentários com a reforma. Elas seriam apenas reguladas pelos resultados e punições poderiam ser impostas caso os padrões estabelecidos nos contratos de gestão não fossem atendidos.

Num estudo sobre a reação das organizações do Executivo brasileiro diante das políticas de controle dos gastos no período posterior à reforma de 1995, Rezende (2000) demonstrou empiricamente a "reação organizada" dos diversos ministérios. Existe um padrão de resposta estratégica das agências, através do qual elas se comportam apresentando ciclos alternados de cooperação e não-cooperação diante das reformas, o que significa uma manutenção do *status quo* a longo e médio prazos, isto é, a manutenção de seus recursos. Esse padrão também é válido para uma amostra de 55 agências americanas no período 1970-2000 (Rezende, 2001).

A reação à mudança institucional é ainda associada ao fato de que esta causaria um grande problema de coordenação resultante da incerteza gerada pela descentralização. Seria muito complexo, na experiência brasileira, gerenciar um Estado em que as agências implementadoras tivessem grande autonomia sobre seus recursos humanos e orçamentários. Por outro lado, a criação dessas agências descentralizadas poderia ainda, em alguns casos, implicar problemas de performance, dado que estas poderiam operar em funções outras que não aquelas definidas pelos ministérios. Com autonomia decisória, as agências poderiam se desviar completamente das funções públicas e provisionar serviços para outros atores sociais fora do Estado.

Por todas essas razões, embora o governo tenha aprovado no Congresso as emendas regulamentando tais organizações, poucos casos de organizações sociais e agências executivas se tornaram realidade. Um estudo de avaliação realizado pelo Mare em 1999 sobre a implementação dessas organizações e agências mostra claramente a distância entre a realidade e as intenções. Das 11 agências a serem transformadas em organizações sociais, apenas duas tinham sido implementadas e, das oito a serem transformadas em agências executivas, apenas uma foi implementada (Mare, 1998k).

## A política da reação: performance versus controle

As propostas de criação de uma nova estrutura de controle e delegação para a burocracia brasileira não obtiveram a cooperação requerida para a sua difusão e sustentabilidade. Os possíveis ganhos de performance não constituíram incentivos para a cooperação. O caso no Mare demonstra a predominância da estratégia de elevar a performance através de mais controle, a qual era benéfica tanto para os atores que operavam com o controle orçamentário e financeiro do Estado brasileiro quanto para as agências que executavam funções alvo de transformações institucionais. Havia uma tensão estrutural entre performance e controle, decisiva para a compreensão do problema da falha seqüencial nas reformas administrativas.

Essa evidência confirma a questão da falha seqüencial das reformas orientadas pela performance, dado que a mudança institucional resulta em consideráveis perdas para as agências, especialmente quando a pressão por ajuste fiscal é intensa, como no caso brasileiro. Nas situações em que a performance do aparato burocrático é reduzida, especialmente em termos fiscais, o problema da peformance passa a ser percebido como uma de falta de controle, ou mesmo de controles precários sobre a burocracia. A cooperação das agências depende largamente de como as possíveis mudanças na estrutura de controle poderiam alterar seus orçamentos individuais. Sozinha, a performance para as agências está associada a sua sobrevivência e não aos resultados que ela atinge. Por essa razão, o impacto das transformações no controle sobre o orçamento é decisivo para se entender a reação ou a cooperação com as reformas orientadas pela performance. No caso brasileiro, as agências controladoras percebiam como altamente arriscado ampliar a descentralização orçamentária; por outro lado, as agências administrativas viam a descentralização como um risco para sua sobrevivência. Isso fundamentou o conflito entre "controle e menos controle", que teve implicações decisivas na falha seqüencial da reforma.

O dilema do controle aparece, portanto, como uma razão decisiva para a extinção do Mare. Para os atores nesse ministério, o problema da performance do Estado brasileiro resultava da inadequação da estrutura de controle e delegação montada com a reforma de 1967. Novas instituições eram necessárias para articular melhor formulação e implementação dentro de um modelo descentralizado. Considerada a irreversibilidade da descentralização, a criação de novos mecanismos de *accountability*, uma melhor divisão de papéis e responsabilidades, autonomia decisória e, fundamentalmente, orientação por resultados eram de fundamental importância para elevar a performance.

Essa percepção entrava em conflito com os interesses das agências controladoras, que viam na descentralização um fator de risco para a elevação da performance. Era pouco claro para as agências como o novo modelo de delegação e controle poderia produzir ganhos de performance. Pelo contrário, a descentralização dos recursos orçamentários e da autonomia sobre os recursos humanos poderia implicar descontrole e, conseqüentemente, redução da performance. As propostas de autonomia orçamentária eram, em especial, a fonte central das resistências das agências controladoras. De fato, como perderiam poder com a transferência da autonomia para as agências implementadoras, elas consideravam a descentralização potencialmente arriscada.

As agências controladoras fundamentaram sua estratégia de reação no argumento de que a criação das PBOs e de um modelo descentralizado pela performance seria prejudicial à performance fiscal. Certamente, a autonomia fiscal e decisória das agências resultaria numa explosão dos gastos e toda a sorte de problemas derivados da interação perversa entre política, administração e políticas públicas, sobretudo num ambiente democrático. O controle apenas pela performance, argumentavam os setores mais reativos, era insuficiente para o equilíbrio fiscal.

As propostas de mudança institucional foram consideradas inviáveis e com riscos potenciais para a crise de gestão que um modelo fragmentado poderia produzir. Performance estava associada a controles, e não a resultados. O desfecho desse conflito de percepções sobre a relação entre performance e controle foi a combinação entre ajuste fiscal e manutenção institucional. As agências controladoras puseram obstáculos às propostas de transformação da estrutura de controle, e nenhuma agência de grande porte no Executivo foi transformada numa PBO.

De fato, o interesse das agências controladoras em manter o modelo burocrático induziu as agências administrativas a perceber a reforma institucional como uma tentativa de retirar funções do Estado, e não como uma necessidade de mudar o modo pelo qual o controle estava organizado. Isso tornou a cooperação problemática. As agências administrativas cooperaram com o ajuste fiscal, mas não com a mudança institucional, dando margem a um padrão dual de cooperação com a reforma, resultante do dilema do controle.

> O apoio externo para o ajuste fiscal na reforma ocorreu naturalmente, digamos assim. Isso ocorreu porque havia um forte imperativo do governo em controlar os gastos com pessoal. Entretanto, a reforma do Estado é mais do que um ajuste dos custos, ou melhor, ela é tudo menos isso. A reforma proposta pelo Mare tem a ver com a questão de rever as instituições e o modo que elas funcionam, de criar as novas instituições do Estado, mudando o seu papel e suas funções. Essa questão não

era compreendida perfeitamente pelos atores mais interessados na parte "dura" das reformas, isto é, no ajuste fiscal. Não era fácil fazer esses atores compreenderem os objetivos da reforma, e que questões mais "finas" de transformação institucional eram decisivas para a performance. Isso inibiu o progresso da reforma.[47]

## O dilema do controle e a reação à mudança institucional

A reação das agências controladoras à mudança institucional esteve intimamente ligada à possibilidade da perda de controle sobre as agências implementadoras. A reforma abriria potenciais caminhos para a perda gradual do poder de controlar os orçamentos e as decisões de alocação de pessoal na administração federal, alterando a dinâmica do funcionamento burocrático e a gramática política no Brasil. Autonomia, delegação e resultados representavam componentes decisivos para fomentar a resistência.

A reforma trazia uma proposta ambiciosa de controle pela performance, o que era considerado negativo, uma vez que era quase impossível controlar um conjunto tão heterogêneo de instituições pelos seus resultados na formulação de políticas. O modelo era percebido como um incentivo para a expansão de relações clientelistas, indisciplina fiscal, problemas de cooperação e outros elementos nocivos à performance. Havia, na verdade, um dilema do controle, ou melhor, um conflito entre a lógica da *accountability* com as regras e a lógica da performance, entre mais e menos controle nos objetivos da reforma. A tensão estrutural entre delegação, credibilidade e performance foi a razão principal da reação à matriz institucional.

A proposta de delegação do orçamento e dos recursos humanos para as PBOs ampliava as possibilidades de os ministérios perderem, ou partilharem, controle sobre esses recursos dentro de um novo modelo em que os resultados eram o elo entre formulação e implementação. A pouca credibilidade da proposta quanto à performance se devia ao fato de que a ampliação da autonomia poderia, como no passado, se traduzir em descontrole e indisciplina fiscal; o que ia de encontro à opção estratégica de elevar a performance pela via de "mais controles". O impacto esperado das PBOs no trato da questão fiscal foi decisivo para a reação, como explica um assessor no Mare:

> os projetos de organização social e agências executivas eram encarados como tendo impactos diretos sobre os mecanismos de controle na burocracia federal, especialmente sobre a importante questão da gestão dos recursos humanos e orçamentários. Com as novas instituições e o modelo proposto, o Mare vai contra a lógica da

[47] Entrevista concedida por um gestor público do Mare.

> "cultura das regras" que permeia a burocracia e, em especial, os ministérios mais diretamente ligados à questão do controle fiscal. Esses ministérios reagem à reforma, afirmando que essas instituições irão resultar numa perda de controle generalizado no governo decorrente da transferência de poderes para essas instituições. A performance parece ser antagônica ao controle.

As agências controladoras perceberam a reforma institucional como uma significativa transferência de poder. O poder dessas organizações dentro do governo advém do controle, e não dos resultados. Para tais organizações, a cultura gerencial movida pelos resultados implicara relativa perda do poder, e o controle é questão central para se entender a resistência à reforma.

A oposição organizada à melhora da performance através de maior autonomia decisória, responsabilidade, flexibilidade e gestão por resultados – princípios da cultura gerencial – foi centrada no cálculo racional das agências controladoras sobre a descentralização da gestão.

A descentralização foi associada à possibilidade de maiores problemas de gestão e coordenação entre a formulação e a implementação. Uma nova matriz institucional organizada a partir da performance funcionando com alto grau de descentralização acirraria os problemas estruturais de "falta de controles", típicos da burocracia brasileira. A redistribuição de poder e autoridade no novo modelo reforçaria as oportunidades para o uso político da burocracia, para a corrupção e outras disfunções resultantes da interferência política na administração. Contrariamente, isso resultaria em redução da performance.

Para as agências controladoras, as propostas de mudança institucional orientada pela performance eram uma ameaça à ordem burocrática. Mais controle era necessário, e a descentralização representaria uma reprodução dos erros do passado. Com isso, passou para segundo plano a necessidade imperiosa de criação de incentivos para transformar uma cultura burocrática numa cultura movida por resultados. "Se a cultura burocrática do controle traz benefícios, estes são apenas para os que controlam", explica a secretária da Reforma do Estado, Ângela Santana. As agências controladoras tinham interesse em mais controle e na manutenção das fontes institucionais do poder, não nos resultados. Essa é a natureza dessas agências. A secretária explica como o fator controle foi decisivo para o entendimento da reação organizada:

> a resistência das agências controladoras à reforma institucional tem a ver com o problema de perder o controle sobre os ministérios e a administração indireta, da forma que elas historicamente fizeram na burocracia brasileira. Estas percebem que a criação das organizações sociais e agências executivas implica reduzir o escopo do controle. Isso não é verdade. O que nós queremos com a mudança institucional é revisar os mecanismos de controle, com os ministérios assumindo realmente seus

papéis nas funções de formulação das políticas, e com as novas instituições assumindo as funções de implementação. Na nossa percepção essa nova relação redefine o poder, dando mais poder aos ministérios, que é o poder de controle, e não retirando o seu poder, tal qual elas percebem na prática.

A razão subjacente a essa resistência era o risco da expansão da autonomia orçamentária, que não era vista como benéfica ao ajuste fiscal. A secretária da Reforma do Estado explica que "na prática, quando falávamos sobre a flexibilidade dos orçamentos, toda sorte de resistências emergiam". O controle sobre o orçamento foi o centro de gravidade das resistências à reforma. O dilema do controle abriu as possibilidades para um padrão de cooperação dual com a reforma:

> as agências controladoras não suportam a mudança institucional proposta pela reforma porque elas percebem claramente uma possibilidade de ruptura com a lógica do controle que lhes confere poder sobre o modo como o Estado é organizado. A performance, quando entendida como resultados sociais e coletivos a atingir é questão secundária. Para esses atores a performance se confunde com a capacidade de controlar. As agências controladoras têm o poder de impor sua lógica sobre as demais agências. Isso foi o que realmente ocorreu (...) elas se tornaram interessadas no ajuste fiscal, na medida em que estas deixavam de lado questões como a revisão dos padrões de *accountability* e de controle.[48]

## A ameaça orçamentária como estratégia de reação à mudança institucional

A reação das agências controladoras foi decisiva e se difundiu para os demais ministérios e agências do governo federal. Poucas agências se mantiveram motivadas a cooperar com os projetos de organizações sociais e agências executivas.

Como o plano diretor havia proposto modelos institucionais muito abrangentes para reforma, baseados apenas nas funções, isso dificultou sobremaneira a cooperação das agências. Havia muita incerteza por parte destas quanto aos benefícios e custos associados à mudança institucional. Diversos gestores entrevistados no Mare afirmam que o processo de transformação institucional era difícil de ser iniciado e de ser mantido, dado o grau de incerteza quanto às novas formas institucionais. Eles também afirmam que as agências percebiam mais claramente as perdas, sobretudo naqueles casos em que a agência desempenha funções mais próximas dos mercados. O risco de privatização e a possibilidade de perda de proteção abriram caminho para uma interessante estratégia de cooptação pelas agências controladoras visando manter o *status quo*:

[48] Entrevista concedida por um gestor público do Mare.

> a resistência à reforma institucional foi construída de modo muito interessante. As agências controladoras vetaram "informalmente" as mudanças institucionais ameaçando as agências com uma redução anual nos seus orçamentos, caso elas cooperassem com a reforma (...) Essa estratégia foi um meio de punir aquelas agências interessadas em transformar-se em organizações sociais e agências executivas. Na realidade, a resistência dos ministérios da Fazenda e Planejamento era perder o controle sobre as organizações que eles vinham protegendo desde o Decreto-lei nº 200/67. A reforma representava uma ruptura com esse modelo não orientado pelos resultados, mas, sim, pelas regras. É exatamente sobre esse ponto que se fundamenta a reação dos setores conservadores a nossa proposta.[49]

A ameaça orçamentária materializou o dilema do controle. O poder de controle orçamentário das agências controladoras tornou possível induzir a resposta não-cooperativa das demais agências. A reação organizada foi a resposta dominante. A ameaça orçamentária reduziu dramaticamente as chances de cooperação com o novo modelo de controle e de mudança institucional.

Desse modo, a elevação da performance pela via da transformação institucional foi uma proposta que não atraiu efetivamente as agências da administração central e indireta. Para tais atores, a reforma era um meio de perder poder, e não elevar a performance através de uma divisão de funções mais eficiente entre formulação e implementação. As propostas de reforma institucional não foram tão fortes quanto a velha lógica de controle e proteção, dissociada dos resultados. Performance é uma questão muito complicada e muitas vezes antagônica aos interesses "reais" das agências e, por isso, secundária numa reforma administrativa.

A cultura burocrática reagiu frontalmente à idéia de regulação por resultados. Na burocracia brasileira, embora a reforma tenha trazido ganhos concretos, ainda predomina a cultura do controle e, mais amplamente, a não necessária conexão com a performance. A cultura do controle é um dos resultados concretos da relação entre política e administração, e introduzir mecanismos reguladores pela performance era considerado arriscado. Na arena da reforma, a tensão entre mais e menos controle permeou as decisões dos atores institucionais sobre cooperação:

> trabalhando diretamente na implementação das organizações sociais e agências executivas em outros ministérios, ficou claro para mim a força da cultura burocrática. Quando falávamos sobre mudanças na cultura administrativa a partir dos princípios gerenciais de mais autonomia e responsabilidade pelos resultados, a cultura burocrática reagia violentamente. A cultura burocrática é movida pelo controle e não pelos resultados. A reforma proposta pelo Mare pretendia implementar a cultura da gestão pelos resultados, e isto é absolutamente contraditório à cultura do controle. As áreas

[49] Entrevista concedida por um diretor da Secretaria da Reforma do Estado.

> do orçamento, planejamento e finanças não percebem como nossos projetos de reforma podem melhorar a performance, dada a flexibilização dos controles sobre o orçamento. Isso é perder poder na visão desses setores. As novas instituições eram contrárias a tal cultura. Curiosamente, para não dizer que era apenas uma resistência "de fora", quando começamos a implementar esses projetos no Mare houve uma resistência organizada que se baseou na questão da cultura das regras, dos controles. Isto é dominante na burocracia brasileira, em todos os setores (...). Essa cultura é resistente a trocar os controles pelos resultados. Alterar os mecanismos de controle e ampliar a delegação é uma tarefa dificílima. Eu diria que ainda temos que avançar mais de 80% nesse projeto.[50]

## O dilema do controle e a extinção do Mare

O dilema do controle produziu um padrão de cooperação que resultou em um processo de fragmentação interna entre a Secretaria de Recursos Humanos (SRH) e a Secretaria da Reforma do Estado (SRE), culminando na extinção do Mare em 1999.

A principal razão para a extinção do Mare foi a dificuldade de conseguir cooperação simultânea para os dois objetivos da reforma, num macroambiente em que a descentralização e a flexibilidade dos controles eram consideradas antagônicas à performance. A cooperação com o ajuste fiscal gerou um conflito entre as duas principais secretarias que materializavam os principais objetivos da reforma. A SRH tinha razões concretas para implementar o ajuste fiscal, alinhada com a estratégia de maior controle sobre a burocracia. À SRE cabia implementar os projetos de mudança institucional baseados na estratégia de menor controle, revelando uma tensão interna, estrutural.

Essa tensão estrutural revelou que o Mare era uma organização dual – a SRH e a SRE perseguiam objetivos diferentes – que demandava grande coordenação interna para lidar com as forças da fragmentação gerada pelo dilema do controle. A passagem a seguir explica de que modo esse conflito produziu a fragmentação interna:

> existe um conflito interno (...) uma fragmentação intensa entre o "velho" Mare (a parte da organização implementando as medidas de ajuste fiscal) e o "novo" Mare (a parte da organização implementando a mudança institucional). A parte antiga empurra a reforma para mais controles e a nova pressiona a reforma na direção oposta. Essa tensão interna foi bastante problemática para o Mare ao longo da reforma (...). Ao final da reforma, podemos ver que esse conflito foi irreconciliável. São

[50] Entrevista concedida pela secretária da Reforma do Estado, Ângela Santana.

> dois universos completamente diferentes, falando linguagens diferentes e com objetivos diferentes. O Mare é, de fato, composto por duas organizações.[51]

A SRH era, na realidade, a parte do Mare que tinha herdado o legado institucional do Dasp, com responsabilidade sobre a gestão dos recursos humanos na administração federal e familiaridade com a cultura burocrática, de mais controles. A SRE era a parte nova da organização, com uma nova cultura sobre a administração pública e sobre os meios para reformá-la, fundamentalmente centrada nas idéias e princípios gerencialistas, segundo os quais os controles deveriam ser flexibilizados e os resultados eram a principal meta de um modelo descentralizado de gestão no setor público. As duas organizações tinham visões e ação diferentes no que se refere à relação entre controle e performance.

A associação entre a lógica de "ampliar os controles sobre a burocracia" e a elevação da performance tornou possível aproximar a SRH dos interesses das agências controladoras. Todavia, o mesmo não ocorreu com a SRE. Isso comprometeu a coesão organizacional em torno dos objetivos do plano diretor, especialmente porque a SRH estava atingindo os resultados de maneira muito rápida no plano do ajuste fiscal. Essa fragmentação interna foi decisiva para explicar o fim do Mare:

> essa história é antiga aqui. O Mare é, na realidade, dois diferentes Mares: o "Ma" e o "re". O "Ma" é a parte da organização que vem do Dasp. Através dos tempos, ela foi transformada em SAF, Sedap, e agora é o "Ma", o Ministério da Administração Federal. O "re" é a Secretaria da Reforma, que é a parte nova. Essas duas partes tiveram conflitos históricos sobre a questão do controle e gestão dos recursos humanos. O "Ma" não aceita as mudanças e flexibilizações no controle que a reforma está tentando implementar. A criação das organizações sociais e das agências executivas visa ampliar a descentralização, criando os mecanismos que permitam ampliar a autonomia, responsabilização, e alterar a cultura burocrática, regulando os controles pela performance. A tensão básica entre esses dois Mares gravita entre a questão da responsabilidade sobre os recursos humanos e, fundamentalmente, a questão dos recursos orçamentários. Esse é o fator que organiza o conflito entre as partes. Isso ocorre porque o "Ma" é organizado pela lógica do controle, a qual não é compatível com a cultura da performance que o "re" está tentando introduzir na administração federal. Penso que a lógica do controle é ainda muito forte dentro do Mare e na burocracia federal. Essa lógica é a mesma dos setores das finanças, planejamento e de outros atores burocráticos que têm sua performance baseada no controle.[52]

Essa fragmentação interna intensificou-se, pois a reforma de 1995 tinha muito mais em jogo do que as reformas anteriores. Tinha mais visibilidade; e os interesses

[51] Entrevista concedida por um gestor público da SRH.

[52] Entrevista concedida por um diretor da SRE.

nacionais e transnacionais articulados em torno da importantíssima questão do ajuste fiscal davam um peso maior à questão da ampliação do controle burocrático objetivando a redução dos custos. A existência das forças internas de fragmentação e as pressões internas para a descoordenação eram intensas, o que demandava uma liderança para controlar as partes da organização.

> A tendência à fragmentação no Mare é visível e tem grande intensidade. Cada secretaria aqui é um "ministério", tendo seu ministro. Embora exista um consenso geral sobre as políticas da organização, o Mare não pode ser visto como uma organização compacta, integrada. O processo decisório é formalmente coletivo, mas, na verdade, ele é individual e fragmentado, onde os diversos secretários têm suas agendas pessoais (...) O Mare conseguiu funcionar por muito tempo, em grande medida porque o ministro Bresser tinha essas forças sob controle. Ele era o criador do Mare e tinha comando. Penso que se o ministro Bresser deixar a organização, o modelo de reforma proposto pelo Mare não se sustenta. As forças de fragmentação e ruptura interna irão, certamente, tomar lugar.[53]

Esse conflito interno entre os dois objetivos principais da reforma se tornou mais intenso com o processo de implementação, sobretudo pela ausência da Câmara da Reforma do Estado, que seria a instância de ação coletiva sobre as decisões da reforma. O isolamento do Mare para obter a cooperação dos ministérios para a mudança institucional agravou a questão da fragmentação interna. Ao longo do processo, a Secretaria da Reforma do Estado perdeu importância, centralidade e poder.

Na realidade, três importantes fatores contribuíram para a fragmentação e extinção do Mare. O primeiro foi a natureza contraditória dos objetivos, que produziu o dilema do controle, dificultando a cooperação. Em segundo lugar, havia uma pressão intensa para atingir resultados no curto prazo. Sem autoridade total para implementar a reforma por decretos, os resultados da mudança institucional seriam mais lentos, mais complexos em relação ao ajuste fiscal. Além disso, a ausência da Câmara da Reforma dificultava a questão da cooperação e da ação coletiva em torno dos projetos da reforma. Esses fatores combinados geraram a erosão progressiva da capacidade do Mare de implementar seus objetivos programáticos, com sua subseqüente extinção. Os riscos latentes de extinção do Mare, com o final do primeiro governo Fernando Henrique Cardoso, foram analisados com clareza por um assessor do ministério:

> o impasse para o Mare e a política de reforma é a continuidade no próximo governo. Eu diria que a reforma administrativa apenas deu seus primeiros passos nesses cinco anos, e eu não estou convencido de que ela irá continuar. As mudanças no

[53] Entrevista concedida por um gestor público do Mare.

> governo e sua composição certamente impactarão sobre a condução e o formato da reforma, pois haverá mudanças na Casa Civil, nos ministérios e no Congresso. Essas mudanças certamente direcionarão a reforma para um modelo mais tradicional, focalizado na questão do ajuste fiscal. As questões substantivas de redefinição do papel do Estado e das novas instituições, a descentralização e a introdução de uma nova cultura gerencial não serão prioridades, especialmente se o ministro Bresser deixar o Mare. Eu acho bastante provável o cenário de que o Mare deixe de ser um ministério e passe a ser ligado diretamente à Presidência. Essa é uma possibilidade quase real, dado que nessas condições ele teria mais poder e autoridade para atingir seus objetivos, principalmente a criação das novas instituições.

A continuidade da reforma não aconteceu e o Mare deixou de ser um ministério em 1999. A reforma administrativa sofreu uma considerável mudança e perdeu muito de sua centralidade na agenda, passando a ser conduzida pelo Ministério do Planejamento, Orçamento e Gestão, uma agência controladora nos termos desta análise. O Mare foi capturado por uma agência controladora. As propostas de mudança institucional foram praticamente abandonadas e nenhuma grande agência do governo foi transformada em agência executiva e organização social.

O caso analisado sugere que o dilema do controle gerou uma restrição à cooperação com os objetivos de mudança institucional e ajuste fiscal, gerando uma falha seqüencial. Ao final da reforma, diversos atores no Mare reconheciam o poder desse conflito e a possibilidade concreta de que tivesse contribuído para desviar a reforma dos seus objetivos originariamente perseguidos.

Muitos dos problemas de performance no aparato burocrático permanecem intactos.

# CONCLUSÕES

As evidências apresentadas no caso do Mare indicam um forte alinhamento com o fenômeno da falha seqüencial apontado pela literatura sobre as reformas administrativas. As políticas de reforma tendem a ser descontinuadas, modificadas, terminadas ou abandonadas. O Mare foi um caso típico de descontinuidade.

A análise das razões para esse problema no caso do Mare – e em outros casos de reformas administrativas – sugere que a tentativa de elevar a performance através do ajuste fiscal com mudança institucional produz um dilema quanto ao controle. No caso brasileiro, e em outros contextos em que a pressão por ajuste fiscal seja intensa, enquanto o ajuste fiscal demandava mais controles (ou controles mais rígidos sobre a burocracia), as medidas de mudança institucional demandavam, justamente, uma flexibilização dos controles. É exatamente sobre essa contradição que reside o problema da falha seqüencial nas reformas. A delegação é antagônica à performance, quando esta é entendida em sua dimensão fiscal. Por outro lado, a delegação é ingrediente necessário para a elevação da performance, quando se trata da questão de entendê-la mais amplamente em sua dimensão de autonomia, responsabilização e resultados. A performance é diferentemente entendida pelos atores a partir dos seus objetivos. A cooperação simultânea com os dois objetivos não foi possível dado o dilema do controle. Nesse sentido, os incentivos necessários à cooperação com as reformas dependem em grande medida de como uma dada reforma articula a tensão entre controle e delegação. A falha seqüencial nas reformas, especialmente nas reformas dos anos 1990, reside no dilema do controle.

Como as evidências no caso brasileiro sugerem, o conflito de percepção entre as agências controladoras e o Mare acerca das demandas por maior ou menor controle burocrático em cada objetivo da reforma é decisivo para explicar a reação ou a cooperação com os objetivos da política. No caso do Mare a cooperação com o ajuste fiscal e a não-cooperação com a mudança institucional produziram a extinção desse ministério e a descontinuidade da reforma. Esse problema não se restringe às reformas dos anos 1990, mas, em convergência com as amplas evidências apontadas pela literatura analisada neste trabalho, pode ser um fator explicativo para as reformas administrativas em geral.

De um modo geral, as reformas administrativas são políticas públicas que visam alterar a estrutura de controle e, por esta razão, envolvem uma tensão estrutural entre maior e menor controle, ou seja, alterações na questão "de quem controla quem". Reformas na natureza do controle produzem uma percepção quanto à distribuição futura dos custos e benefícios sobre as agências, que é fundamental para compreender a cooperação ou resistência à reforma. O modo particular com que os atores optam em cooperar depende dessa percepção.

As razões para a não-cooperação das agências são diversas. Em primeiro lugar, as agências controladoras perceberam que as PBOs dependiam da descentralização, o que representava um risco para a performance, especialmente para a performance fiscal. Tal percepção, como demonstrado, deveu-se ao fato de que no Brasil a descentralização não tinha sido acompanhada de devidos controles que pudessem alinhá-la com a performance. Em segundo lugar, as agências controladoras cooperaram fortemente com o ajuste fiscal, visto que este era extremamente benéfico aos seus interesses individuais. A estratégia de mais controles sobre a burocracia como um meio para elevar a performance foi alinhada com a compreensão de que os problemas de performance resultavam da insuficiência dos controles burocráticos. Ademais, as agências administrativas que seriam alvo das reformas propostas perceberam que estas seriam prejudiciais aos seus interesses de sobrevivência num ambiente marcado pelo ajuste fiscal e pela redução do papel do Estado. O Mare obteve o que chamei de cooperação dual para a reforma – cooperação com ajuste fiscal e não-cooperação com a mudança institucional –, revelando o quanto o dilema do controle foi intenso.

Os atores que cooperaram com o ajuste fiscal associaram elevação da performance à ampliação dos controles e reagiram intensamente ao novo modelo de delegação e controle regulado pela performance. O não-alinhamento entre os interesses desses atores e os do Mare foi a razão central para a não-cooperação e a falha seqüencial na reforma. As reformas dos anos 1990 potencializam os incentivos à fragmentação – como evidenciado no caso do Mare – e dificultam a cooperação.

A tensão estrutural sobre o controle se consolida no âmbito do orçamento. As propostas de mudança institucional reguladas pela performance dependiam muito da flexibilidade na gestão dos recursos orçamentários, dotando as agências de autonomia decisória. Isso era antagônico à questão do ajuste fiscal, que dependia de mais controles.

Assim, fica evidente que, quando as agências controladoras têm poder de controle sobre o orçamento, elas podem criar incentivos à resistência organizada, associando a mudança institucional com a questão da perda de orçamento, o que constitui forte estímulo para impedir a cooperação das agências administrativas. A performance é uma questão secundária diante da questão mais importante, que é como sobreviver. O quanto cada agência individualmente vai perder em termos de orçamento anual com a reforma constitui elemento poderoso para explicar a reação ou a cooperação com os objetivos da reforma. A transformação em PBO foi muito associada aos objetivos dos programas de privatização, à redução do papel do Estado e à perda substancial do orçamento público, o que contribuiu para uma resistência organizada.

O caso do Mare também permite entender que propostas de reforma que deixam de considerar a grande variabilidade das agências, e dos motivos específicos que causam o declínio de performance ao nível da agência, tendem a ser consideradas de implementação improvável. A reforma de 1995 foi do tipo *one-size-fits-all*, propondo alternativas diferenciadas apenas em termos das funções ou do papel do Estado, sem "penetrar" na realidade específica de cada agência, reduzindo, dessa forma, as chances de cooperação. Nos aparatos burocráticos modernos, é muito freqüente as reformas desconsiderarem que o Estado é, de fato, composto por uma miríade de agências adminstrativas, cada uma com seus problemas específicos de performance. É difícil, portanto, existir um modelo único que permita elevar a performance, como no caso do Mare. Como amplamente discutido, apesar de a reforma propor tipos institucionais diferenciados conforme as funções do Estado, foi muito difícil para as agências aceitarem "naturalmente" sua classificação em um setor passível de transformação institucional, criando impasses. Foi muito difícil para a reforma definir com maior precisão a linha divisória entre as funções exclusivas e não-exclusivas. A inclusão em um ou outro tipo institucional definia quem seria beneficiado ou "punido" com a transformação institucional, dificultando muito a cooperação dos atores.

A divisão do novo papel do Estado por funções, desconsiderando as especificidades das agências, estimulou a resistência destas, especialmente pelo fato de que a inclusão em cada categoria tinha implicações decisivas sobre a questão do orçamento e da manutenção das mesmas dentro do Estado. Certamente, o conjunto específico de agências que operavam nas chamadas funções não-exclusivas e no plano da implementação das políticas associou a reforma com a possibilidade de perdas orçamentárias, o que não se pode dizer daquelas agências que operariam no núcleo estratégico do Estado (*core activities*). Essa diferenciação resultou no cálculo individual das agências em cooperar ou não com a reforma.

As evidências no caso do Mare indicam que a ausência de uma proposta de transformação institucional mais clara e realista ampliou a reação das agências. As formas institucionais definidas pelo plano diretor eram muito vagas, e a questão de redefinir os controles pela performance, através dos contratos de gestão, foi percebida apenas de modo secundário pelas agências. As novas formas eram associadas à redução orçamentária e à de algumas funções retiradas do Estado, sendo muito vagamente ligadas a um novo modelo de delegação e controle regulado pelos resultados. A expansão das autonomias, do controle pela performance e a maior articulação entre formulação e implementação não foram entendidas de modo claro pelas agências.

Diante do elevado grau de incerteza, as agências cooperaram com a redução de seus orçamentos e de seus gastos, mas não com planos mais ambiciosos de alteração do padrão histórico de relacionamento entre a formulação e a implementação de políticas públicas, que eram a raiz da reforma. Grande parte da falha do Mare – e da falha seqüencial das reformas administrativas – deriva do apego à aplicação de princípios únicos para todas as agências, sem considerar a grande variabilidade e diversidade institucional que existe entre estas em qualquer Estado moderno.

Outra implicação do caso analisado tem a ver com a tensão entre os objetivos de ajuste fiscal e de mudança institucional. Reformas baseadas nos princípios de custar menos e funcionar melhor tendem a ter problemas de cooperação dos atores institucionais. A reforma de 1995 demonstra o quão contraditório eram tais objetivos, especialmente em termos da questão do controle. É difícil sustentar no tempo uma política que depende ao mesmo tempo de dois objetivos contraditórios. Num contexto de forte pressão por resultados na questão do ajuste fiscal, muito dificilmente a descentralização é vista como um processo que auto-alimenta o equilíbrio fiscal. Pelo contrário, a expansão das autonomias para as agências com a delegação potencializa desequilíbrios fiscais, como foi evidente no processo de crescimento descontrolado do Estado brasileiro.

Outro fator importante para explicar a falha seqüencial nas reformas é que não há, entre as agências, um consenso sobre performance. Para as agências controladoras a performance está relacionada ao cumprimento das regras, à manutenção dos controles, ou seja, são baseadas na *rule-based accountability*. Para as demais agências, a performance relaciona-se à garantia dos recursos indispensáveis a sua sobrevivência, e não necessariamente aos resultados efetivos obtidos em suas políticas. No caso do Mare, a predominância dos interesses das agências controladoras em obter resultados quanto ao ajuste fiscal e a falta de credibilidade da proposta de mudança institucional no plano diretor foram razões para a não-cooperação com as reformas.

Reformar as instituições é sempre a parte mais dolorosa, mais lenta e mais trabalhosa da reforma, e não ocorre no curto prazo. O não-alinhamento entre os interesses do Mare e os dos atores estratégicos sobre a questão do controle explica de modo decisivo a extinção desse ministério e, de modo mais amplo, os limites das reformas administrativas. Enquanto o Mare entendia que a mudança institucional era fator decisivo para o ajuste fiscal, para as demais agências essa mudança imporia perdas, descontrole, fragmentação e, fundamentalmente, redução da performance. As políticas de ajuste fiscal demandavam mais controle para produzir melhor gestão fiscal e performance, ao passo que a mudança institucional associava performance com menos controle. Isso gerou um paradoxo e impôs obstáculos à cooperação dos atores. O modo específico como os atores articulam controle e performance é essencial para entender o potencial para a cooperação com as reformas administrativas.

A predominância da estratégia de mais controle no caso brasileiro reforça a generalização para casos em que o ajuste fiscal tende a ser uma razão decisiva para as reformas, como ocorreu nas reformas dos anos 1990, ou, mesmo, quando a performance do aparato burocrático é reduzida. Nessas situações, se explica a cooperação com o ajuste fiscal pelo fato de que tais iniciativas deixam intactas as instituições que produzem o declínio da performance. A reforma institucional é rejeitada em casos de reduzida performance, pois altera a estrutura de poder e controle, que geralmente é a razão do desempenho precário. Essa explicação é suficientemente consistente para que se entenda por que *o ajuste fiscal e a manutenção institucional* são o mais provável resultado das reformas administrativas. A falha seqüencial é conseqüência do fato de que as reformas, em grande medida, deixam de tocar nos pontos críticos que geram os problemas de performance. Paradoxalmente, os problemas reais a serem tratados pelas reformas tendem a ser por elas "esquecidos".

O poder da estratégia dual de cooperação que combina ajuste fiscal com manutenção institucional parece ser uma razão mais geral para a falha das reformas e explica por que problemas de performance persistem no setor público. No setor privado, como o ajuste fiscal está, de modo geral, ligado à questão da mudança institucional, a possibilidade da falência faz com que tais mudanças ocorram mais freqüentemente. No setor público, a mudança institucional é *loosely coupled* com o ajuste fiscal. A performance fiscal tende a ser a estratégia dominante dos atores no setor público diante das reformas, pois sempre é possível aumentar impostos utilizando-se do monopólio legítimo da violência. No setor público, pelo simples fato de que as agências visam sobreviver, a regulação pela performance dificilmente está alinhada com os interesses das agências, sobretudo das agências controladoras.

As reformas administrativas são mais problemáticas em contextos democráticos. No Brasil, as mais bem-sucedidas foram realizadas no tempo do Dasp e no do regime militar, ambos considerados autoritários. Em ambientes democráticos, é muito difícil coordenar as reformas ou obter a cooperação com os dois objetivos. A falta de autoridade legal para implementar as mudanças por decreto leva a um complexo processo de negociação coletiva em torno dos objetivos pretendidos, reduzindo as chances de um consenso. Quando é elevada a dependência da cooperação de uma ampla gama de agências, menores são as chances de sucesso de uma dada reforma.

Outro problema generalizável, ao menos para as reformas dos anos 1990, é o da cooperação simultânea com os objetivos da reforma. Tal cooperação se mostra tão mais difícil quanto menor a performance do aparato burocrático, dado que iniciativas voltadas para a elevação da performance pela via fiscal ou pela mudança institucional tendem a resultar em custos para as agências. Mais autonomia, responsabilidade, *accountability* e orientação pelos resultados comumente impõem mudanças dramáticas no *modus operandi* das agências e, principalmente, nos ganhos advindos da relação entre política e administração. As agências podem se mostrar cooperativas com as partes mais superficiais da reforma, tais como redução dos custos, de pessoal e de orçamentos, isto é, com o ajuste fiscal. Contudo, resistem a mudanças mais profundas nas "regras do jogo", ou seja, nas instituições.

O padrão dual de cooperação das agências com os dois objetivos da reforma foi decisivo para a extinção do Mare, e creio ser uma força permanente em organizações que implementam reformas orientadas pela performance. O dilema do controle produziu um padrão dual de cooperação que levou a uma fragmentação interna no ministério. Esse tipo de organização depende muito da liderança e do comando para lidar efetivamente com as forças centrífugas e centrípetas em seu interior.

As recomendações de política pública e as generalizações mais importantes que se podem extrair do caso são:

- as organizações que implementam reformas devem prestar atenção redobrada à questão da diversidade das agências e de seus problemas específicos de performance; devem evitar a transformação sem diagnóstico aprofundado; é preciso "engajar" as agências no processo de reformas, criando instituições de participação, como os laboratórios de reinvenção da reforma Clinton, nos EUA;
- as reformas devem ser dissociadas ao máximo das perdas orçamentárias ou da questão da extinção de organizações; as chances de sucesso na implementação das reformas orientadas pela performance parecem ser maiores quando estas políticas incorporam a participação dos atores estratégicos, criando incentivos para a "cooperação" das agências, especialmente para o difícil problema da mudança institucional;
- atenção máxima deve ser dada à questão de como uma determinada política de reforma articula a tensão estrutural entre mudança institucional e ajuste fiscal; o ingrediente-chave para estimular a cooperação simultânea com os dois objetivos

é associar performance com mudança institucional, mostrando no discurso da reforma que a raiz do problema está nas instituições, no modo como afetam a performance, e que a questão fiscal é apenas parte do problema.

As agências devem ser "recompensadas" no curto prazo pela transformação institucional. Os incentivos à cooperação devem ser criados de modo a dissociar novos modelos de delegação da questão da perda do controle. Quanto mais cuidadosamente os reformistas pensam como o dilema do controle pode operar a favor da mudança, maiores serão as possibilidades de sucesso na implementação. A questão de fundo é: como conseguir a cooperação das agências diante de uma percepção ambígua entre controle e performance? A tendência a desconsiderar esse fator no delineamento das reformas tende a gerar problemas seqüenciais no plano da implementação, como demonstram experiências de reformas no mundo contemporâneo. Quando as reformas são ambíguas em relação à questão de como o controle está relacionado à performance, aumenta a probabilidade de falha seqüencial.

As reformas não dependem de uma boa proposta nem de energias organizacionais, mas, sim, da cooperação dos atores estratégicos em torno dos objetivos programáticos, de instituições de ação coletiva que reduzam o dilema do controle, diminuindo as chances da falha seqüencial.

Em qualquer sistema administrativo, os atores estratégicos geralmente adquirem poder e influência por meio da "ineficiência" histórica das instituições, e não necessariamente da elevação da performance. Nas instituições do setor público, apenas em raros casos o poder vem da performance. A ineficiência é benéfica a certos grupos e, por essa razão, a manutenção institucional é a estratégia dominante. Propostas de reformas visando elevação da performance via alteração da estrutura de poder e controle são percebidas como ameaças às fontes institucionais do poder. Ineficiência, controle e manutenção institucional são interesses poderosos que qualquer reformista deveria levar em conta. A elevação da performance é secundária. Por tal razão, são muito comuns boas reformas produzindo resultados pífios, ou mesmo sendo obstaculizadas, abortadas e desvirtuadas.

As reformas orientadas pela performance trazem em si uma contradição entre seus objetivos programáticos. A dificuldade de elevar a performance no setor público via reformas administrativas é causada pelo chamado dilema do controle. O modo específico como esse problema se desenvolve em cada processo de implementação gera incentivos decisivos para a cooperação com os dois objetivos, com apenas um deles, ou para a resistência a ambos. Em uma reforma é muito comum que as mudanças institucionais sejam "encobertas" pelas necessidades mais imediatas de ajuste fiscal. A privatização, a extinção de funções públicas, a redução de pessoal e o corte nos gastos tendem a ser percebidos como mudança institucional.

Todavia, essas iniciativas deixam intacta a questão da mudança no controle e da delegação entre a formulação e implementação, elo central da questão da performance.

A transformação institucional deve ser capaz de tornar a administração pública mais eficiente, efetiva e orientada pela performance. Trata-se de iniciativas que são mais do que simples "rearranjos" organizacionais, que representam alterações na maneira como o poder e o controle são organizados, na dinâmica e lógica da organização do governo e no modo específico como a mudança institucional se articula com a performance. As reformas envolvem a construção de mecanismos que produzam elevação da performance, revisando os padrões de autonomia, delegação e, fundamentalmente, de resultados e responsabilização.

Se existe uma recomendação coerente para atores implementando reformas administrativas, esta é a de que *o exame e a análise cuidadosa das causas que produzem o declínio da performance, levando em conta a grande diversidade das organizações, são o melhor guia para a construção de uma reforma administrativa com chances de sucesso*. Esse procedimento é antagônico, e penso, superior, ao tradicional modo de "mudar antes do diagnóstico cuidadoso", tal qual apontado por Seidman (1998). Na reforma gerencial de 1995, a ausência de um diagnóstico mais aprofundado dos problemas no nível das agências levou à elaboração de uma reforma do tipo *one-size-fits all*, que culminou num caso em que a cooperação dos atores com os dois objetivos programáticos se tornou quase impossível. O dilema do controle foi o problema central da reforma gerencial de 1995 e é um fator decisivo para explicar por que é tão difícil elevar a performance do Estado.

# BIBLIOGRAFIA

## Publicações do Ministério da Administração Federal e da Reforma do Estado (Mare)


MARE. Histórico das reformas administrativas no Brasil e tendências e inovações no nível internacional. Brasília: Enap, 1995. mimeog.

______. *Agências executivas*. Brasília, 1998a. (Cadernos Mare, 9).

______. *Os avanços da reforma da administração pública*. Brasília, 1998b. (Cadernos Mare, 15).

______. *O conselho da reforma do Estado*. Brasília, 1998c. (Cadernos Mare, 8).

______. Evolução da execução orçamentária por projeto e atividade 1995-98. Brasília, 1998d. mimeog.

______. *Histórico do Mare. Legislação. Compilação de atos oficiais a partir de 1936*. Brasília, 1998e.

______. *A nova política de recursos humanos*. Brasília, 1998f. (Cadernos Mare, 11).

______. *Organizações sociais*. Brasília, 1998g. (Cadernos Mare, 2).

______. Organogramas. Brasília, 1998h. mimeog.

______. *Plano de reestruturação e melhoria da gestão do Mare*. Brasília, 1998i. (Cadernos Mare, 5).

______. *Programa de reestruturação e qualidade dos ministérios*. Brasília, 1998j. (Cadernos Mare, 12).

______. *Projeto agências executivas (AE) e organizações sociais (OS): balanço e avaliação do período 1995-99*. Brasília, 1998k. (Relatório de trabalho).

______. *A reforma administrativa na imprensa: seleção de artigos produzidos no Mare*. Brasília, 1998l. (Cadernos Mare, 7).

______. Relatório síntese das atividades do Mare. Brasília, 1998m. mimeog.

______. *Tabela de remuneração dos servidores públicos federais*. Brasília, 1998n. (n. 1).

______. *Boletim estatístico de pessoal*. Vários números.

## Outras referências

ALDRICH, Howard. *Organizations and environments*. New Jersey: Prentice-Hall, 1979.

ALEXANDER, E. R. Improbable implementation: the Pressman-Wildavsky paradox revisited. *Journal of Public Policy*, v. 9, p. 451-465, 1989.

ASHBURNER, Lynn; FERLIE, Ewan; FITZGERALD, Louise. *Organisational transformation and top down change: the case of NHS*. Coventry: University of Warwick, Centre for Corporate Strategy and Change, 1994.

ASTLEY, W. G.; VAN DE VEN, A. H. Central perspectives and debates in organization theory. *Administrative Science Quarterly*, v. 28, p. 245-273, 1983.

AUCOIN, Peter. Administrative reform in public management: paradigms, principles, paradoxes and pendulums. *Governance,* v. 3, n. 2, p. 115-137, Apr. 1990.

BAIER, Vicky E.; MARCH, James G.; SAETREN, Harald. Implementation and ambiguity. In: MARCH, James G. *Decisions and organizations*. Oxford: Basil Blackwell, 1989.

BARDACH, Eugene. *The implementation game: what happens after a bill becomes a law*. Cambridge: MIT Press, 1977.

______. *Getting agencies to work together: the practice and theory of craftsmanship theory*. Washington: Brookings Institution Press, 1998.

BARNARD, Chester. *The functions of the executive*. Cambridge, MA: Harvard University Press, 1946.

BENDOR, Jonathan; MOE, Terry. An adaptive model of bureaucratic politics. *American Political Science Review*, v. 79, p. 755-774, 1985.

BEST, Samuel; TESKE, Paul; MINTROM, Michael. Terminating the oldest living regulator: the death of the Interstate Commerce Commission. *International Journal of Public Administration*, v. 20, n. 12, p. 2067-2096, 1997.

BLAU, Peter M.; SCOTT, W. Richard. *Formal organizations: a comparative approach*. San Francisco: Chandler Publishing Co., 1962.

BRASIL. *Emenda constitucional nº 19, de 4 de junho de 1998. Reforma administrativa.* Brasília: Senado Federal, 1998.

BRESSER-PEREIRA, Luiz Carlos. Da administração pública burocrática à gerencial. *Revista do Serviço Público*, v. 120, n. 1, jan./abr. 1996a.

______. *A turning point in the Brazilian debt crisis: a memoir.* Washington, DC: Woodrow Wilson International Center for Scholars, 1996b. (Working Paper Series, 22).

______. Managerial reform in Brazil's public administration. In: CONGRESS OF THE INTERNATIONAL POLITICAL SCIENCE ASSOCIATION. *Proceedings...* Seul, 1997a.

______. *A reforma do Estado dos anos 90: lógica e mecanismos de controle.* Brasília, 1997b. (Cadernos Mare, 1).

______. Exposição no Senado sobre a reforma da administração pública. Brasília, 1998a. (Cadernos Mare, 3).

______. *Reforma do Estado para a cidadania: a reforma gerencial brasileira na perspectiva internacional.* Brasília, 34/Enap, 1998b.

______. Sociedade civil: sua democratização para a reforma do Estado. In: BRESSER-PEREIRA, Luiz Carlos; WILHEIM, Jorge; SOLA, Lourdes. *Sociedade e Estado em transformação.* São Paulo: Unesp, 1999. p.67-119.

______; MARAVALL, Jose Maria; PRZEWORSKI, Adam. *Economic reforms in new democracies: a social-democratic approach.* Australia: Cambridge University Press, 1993.

______; SPINK, Peter (Orgs.). *Reforma do Estado e administração pública gerencial.* Rio de Janeiro: FGV, 1998.

BRINKERHOFF, Derick W. (Ed.). *Policy analysis concepts and methods: an institutional and implementation focus:* Greenwich, CT: JAI Press, 1997.

BRUNSSON, Nils. Administrative Reform as Routines. *Scandinavian Journal of Management*, v. 5, n. 3, p. 219-228, 1989.

______; OLSEN, Johan P. *The reforming organization.* New York: Routledge, 1993.

CAIDEN, Gerald E. *Administrative reform comes of age.* New York: Walter de Gruyter, 1991.

______. Administrative reform – proceed with caution. *International Journal of Public Administration*. v. 22, n. 6, p. 815-832, 1999.

______; SIEDENTOPF, Heinrich. *Strategies for administrative reform.* Lexington: Lexington Books, 1982.

CAMERON, Kim; WHETTEN, David A. (Eds.). *Organizational effectiveness: a comparison of multiple models*. New York: Academic Press, 1983.

CAMPBELL, Colin S. J. Conclusion. In: CAMPBELL, Colin S. J.; PETERS, Guy (Eds.). *Organizing governance: governing organizations*. Pittsburgh: University of Pittsburgh Press, 1988. p. 369-388.

_____; PETERS, Guy (Eds.). *Organizing governance: governing organizations*. Pittsburgh: University of Pittsburgh Press, 1988.

_____; ROCKMAN, Bert A. *The Clinton legacy*. New York: Chatam House, 1999.

CAMPOS, Roberto. *A lanterna na popa*. Rio de Janeiro: Toopbooks, 1994.

COE, Barbara A. How structural conflicts stymie reinvention. *Public Administration Review*, v. 57, n. 2, p. 168-173, 1997.

COHEN, Michael D.; MARCH, James G.; OLSEN, Johan P. A garbage can model of organizational choice. *Administrative Science Quarterly*, v. 17, p. 1-25, 1972.

COLEMAN, James S. *Foundations of social theory*. Cambridge: Harvard University Press, 1990.

CROSBY, Benjamin L. Stakeholder analysis and political mapping: tools for successfully implementing policy reforms. In: BRINKERHOFF, Derick W. (Ed.). *Policy analysis concepts and methods: an institutional and implementation focus*. Greenwich, CT: JAI Press, 1997. p. 261-286.

CROZIER, Michael. *The bureaucratic phenomenon*. Chicago: University of Chicago Press, 1964.

CYERT, Richard M.; MARCH, James G. *A behavioral theory of the firm*. Englewood Cliffs, NJ: Prentice-Hall, 1963.

DALAND, Robert T. *Brazilian planning: development, politics, and administration*. Chapel Hill: University of California Press, 1967.

DANIELS, Mark R. Symposium Public Policy and Organization Termination: Introduction. *International Journal of Public Administration*, v. 20, n. 12, p. 2043-2066, 1997.

DEAN, Alan; INK, Dwight; SEIDMAN, Harold. OMB's "M": fading away. *Government Executive*. v. 26, n. 6, p. 62-66, 1994.

DESVEAUX, James A. Antecipating uncertainty: the strategy-structure problem in public bureaucracy. *Governance*, v. 7, n. 1, p. 31-58, Jan. 1994.

DIIULIO, John Jr.; KETTL, Donald F.; GARVEY, Gerald. *Improving government performance*. Washington, DC: Brookings Institution, 1993.

DOWNS, Anthony. *Inside bureaucracy*. Boston: Little, Brown & Co., 1967.

DRAIBE, Sônia M. *Rumos e metamorfoses: um estudo sobre a Constituição do Estado e as alternativas da industrialização no Brasil 1930-1960*. Rio de Janeiro: Paz e Terra, 1985.

DUNLEAVY, Patrick. *Democracy, bureaucracy and public choice: economic explanations in political science*. New York: Harverster Wheatsheaf, 1991.

_____; HOOD, Christopher. From old public administration to new public management. *Public Money & Management*, v. 14, n. 3, p. 9-16, July/Sept. 1994.

DUNN, Delmer D. *Politics and administration at the top: lessons from down under*. Pittsburgh: University of Pittsburgh Press, 1997.

DUNSIRE, Andrew. *Implementation in a bureaucracy*. New York: St. Martin's Press, 1978.

_____; HOOD, Christopher. *Cutback management in public bureaucracies: popular theories and observed outcomes in whitehall*. New York: Cambridge University Press, 1989.

DYE, Thomas R. *Policy analysis: what governments do, why they do it, and what the difference it makes*. Alabama: University of Alabama Press, 1976.

_____. *Understanding public policy*. Englewood Cliffs, NJ: Prentice-Hall, 1998.

FARAZMAND, Ali. Administrative reform in global perspectives: a symposium. *International Journal of Public Administration*. v. 22, n. 6, p. 815-832, 1999.

FERLIE, Ewan; ASHBURNER, Lynn; FITZGERALD, Louis; PETTIGREW, Andrew. *The new public management in action*. Oxford: Oxford University Press, 1996.

FRANTZ, Janet E. The high cost of policy termination. *International Journal of Public Administration*, v. 20, n. 12, p. 2097-2119, 1997.

FREEMAN, Edward R. *Strategic management: a stakeholder approach*. Boston: Pitman, 1984.

GAEBLER, Ted; OSBORNE, David. Reinventing government: how the entrepreneurial spirit is transforming the public sector. Massachusetts: Addison-Wesley, 1992.

GEDDES, Barbara. Building state autonomy in Brazil, 1930-1964. *Comparative Politics*, v. 22, n. 2, p. 217-235, Jan. 1990.

_____. *Politicians' dilemma: building state capacity in Latin America*. Berkeley: University of California Press, 1994.

GRAHAM, Lawrence S. *Civil service reform in Brazil: principles versus practice*. Austin: Institute of Latin American Studies, 1969.

GRAY, Andrew; JENKINS, Bill. Implementing the next steps: a choreography of management change. In: O'TOOLE, Barry; JORDAN, Grant (Eds.). *Next steps: improving management in government?* Dartmouth: Aldershot, 1995. p. 37-54.

GRINDLE, Merilee S. *Challenging the State: crisis and innovation in Latin America and Africa*. New York: Cambridge University Press, 1996.

______; THOMAS, John W. *Public choices and policy change: the political economy of reform in developing countries*. Baltimore: Johns Hopkins University Press, 1991.

GULATI, Ranjay; SINGH, Harbir. The architeture of cooperation: managing coordination costs and appropriation concerns in strategic alliances. *Administrative Science Quarterly*, v. 43, n. 4, p. 781-814, 1998.

HAMMERGREN, Linn A. *Development and the politics of administrative reform: lessons from Latin America*. Boulder, Colorado: Westview Press, 1983.

HEYMANN, Philip B. *The politics of public management*. New Haven: Yale University Press, 1987.

HYNEMAN, Charles S. Administrative reorganization: an adventure into science and technology. *Journal of Politics*, v. 1, p. 63-75, 1939.

______. *Bureaucracy in democracy*. New York: Harper & Brothers, 1950.

HIRSCHMAN, Albert. *Exit, voice, and loyalty: responses to decline in firms, organizations, and states*. Cambridge: Harvard University Press, 1970.

HOOD, Christopher. A public management for all seasons? *Public Administration*, n. 69, p. 3-19, Spring 1991.

IDB. *Latin America after a decade of reforms: economic and social progress report*. Washington, DC: Johns Hopkins University Press, 1997.

IMF. *Government finance statistics*. Washington, DC. (several issues).

INGRAHAM, Patricia W.; KETTL, Donald F. *Agenda for excellence: public service in America*. New Jersey: Chatham House, 1992.

JREISAT, Jamil E. Faltering bureaucratic reforms: the case of Egypt. *Journal of Developed Societies*, v. 11, n. 2, p. 25-38, 1995.

KAUFMAN, Herbert. Emerging conflicts in the doctrines of public administration. *The American Political Science Review*, v. 50, n. 4, p. 1057-1073, Dec. 1956.

______. *The forest ranger: a study in administrative behavior.* Baltimore: John Hopkins University Press, 1960.

______. *The administrative behavior of the Federal Bureau chiefs.* Washington, DC: Brookings Institution, 1971.

______. *Are governmental organizations immortal?* Washington, DC: Brookings Institution, 1976.

______. *Time, chance and organizations: natural selection in a perilous environment.* Chatham: Chatham House, 1985.

______. *The limits of organizational change.* New Brunswick: Transaction, 1995.

KETTL, Donald F. *Reinventing government? Appraising the national performance review.* Washington, DC: Brookings Institution, 1994.

______.Global reinvention, basic issues, questions ahead. In: GLOBAL FORUM ON REINVENTING GOVERNMENT. *Proceedings...* Washington, DC, 1999.

______; DIIULIO JR., John. *Cutting government.* Washington, DC: Brookings Institution, 1995a.

______; ______. *Fine print: the contract with America, devolution, and the administrative realities of American federalism.* Washington, DC: The Brookings Institution, 1995b.

______; ______ (Eds.). *Inside the reinvention machine: appraising governmental reform.* Washington, DC: Brookings Institution, 1995c.

KHATOR, Renu. The new paradigm: from development administration to sustainable development administration. *International Journal of Public Administration,* v. 21, n. 2, p. 1777-1801, 1998.

KIMBERLY, John R. et al. *The organizational life cycle: issues in the creation, transformation, and decline of organizations.* San Francisco: Jossey-Bass, 1980.

KLIKSBERG, Bernardo. Um novo paradigma em gestão pública. *Revista do Serviço Público,* v. 116, n. 2, maio/jun. 1998.

LAFER, Celso. *The planning process and the political system in Brazil: a study of Kubitschek's target plan – 1956-1961.* Dissertation (PhD) – Cornell University, Ithaca, 1970.

LANE, Jan-Erik. *The public sector: concepts, models, and approaches.* California: Sage, 1995.

______. *Public sector reform: rationale, trends and problems.* California: Sage, 1997.

LARSON, James S. *Why government programs fail: improving policy implementation.* New York: Praeger, 1980.

LAUGHLIN, Richard. Can the information systems for the NHS internal market work? *Public Money & Management*, v. 11, n. 3, p. 37-41, Autumn 1991.

LAWRENCE, Paul R.; LORSCH, Jay W. *Organizations and environment.* Homewood, IL: Richard D. Irwin, 1969.

LAZIN, Fred A. *The policy implementation process in developing nations.* Stanford, CT: JAI Press, 1999.

LESTER, James P. et al. Public policy implementation: evolution of the field and agenda for future research. In: NAGEL, Stuart S. (Ed.). *Research in Public Policy Analysis and Management*, v. 7, p. 71-94, 1995.

LIGHT, Paul C. Tides of reform: making government work 1945-1995. New Haven: Yale University Press, 1997.

LIMA Júnior, Olavo Brasil de. As reformas administrativas no Brasil: modelos, sucessos e fracassos. In: DESARROLLO POLÍTICO COMPARADO DE ARGENTINA Y BRASIL. Buenos Aires. *Annales...* Buenos Aires: Iuperj/Universidad Torcquato di Tella, 1999.

LINDBLOM, Charles. The science of muddling through. *Public Administration Review*, v. 19, n. 2, p. 79-88, 1959.

LIOU, K. Tom (Ed.). Symposium on Administrative Reform and Economic Development. *Policy Studies Review.* The University of Central Florida, v. 16, n. 2, 1999.

LOWI, Theodore J. American business, public policy, case studies, and political theory. *World Politics,* v. 16, p. 677-715, 1969a.

______. *The end of liberalism.* New York: W.W. Norton, 1969b.

______. The State in politics: the relation between policy and administration. In: NOLL, Roger G. (Ed.). *Regulatory policy and the social sciences.* Berkeley: University of California Press, 1985. p. 67-105.

MARCH, James G.; OLSEN, Johan P. *Ambiguity and choice in organizations.* Bergen: Universiteforlaget, 1972.

______; ______. Organizing political life: what administrative reorganization tells us about government. *American Political Science Review*, v. 77, n. 2, p. 281-296, Jun. 1983.

______; ______. *Rediscovering institutions: the organizational basis of politics.* New York: Free Press, 1995.

______; SIMON, Herbert. *Organizations.* New York: John Willey & Sons, 1958.

MARTINS, Humberto Falcão. Burocracia e a revolução gerencial: a persistência da dicotomia entre a política e administração. *Revista do Serviço Público* n. 1, p. 43-79, jan./abr. 1997.

MAZMANIAN, Daniel A.; SABATIER, Paul A. Implementation and public policy. Glenview, IL: Scott Foresman, 1983.

MELO, Marcus Andre B. C. de.When institutions matter: the politics of administrative, social security, and tax reform in Brazil. In: THE LATIN AMERICAN STUDIES ASSOCIATION. *Proceedings...* Chicago, 1998.

______. *Reformas constitucionais no Brasil: instituições políticas e processo decisório.* Rio de Janeiro, Revan, 2002.

MEYER, John W.; ROWAN, Brian. Institutionalized organizations: formal structure as myth and ceremony. *The American Journal of Sociology*, v. 83, n.2, p. 340-363, Sept. 1977.

MEYER, Marshall W. *Change in public bureaucracies.* New York: Cambridge University Press, 1979a.

______. *Environments and organizations.* New York: Cambridge University Press, 1979b.

______; ZUCKER, Lynne G. *Permanently failing organizations.* California: Sage, 1989.

______ et al. *The limits of bureaucratic growth.* New York: Walter de Gruyter, 1985.

MILLER, Dennis C. *Public choice II.* Cambridge: Cambridge University Press, 1989.

______. *Perspectives in public choice.* Cambridge: Cambridge University Press, 1996.

MILLER, Richard W. *Fact and method: explanation, confirmation and reality in the natural and social sciences.* New Haven: Princeton University Press, 1987.

MINOGUE, Martin; POLIDIANO, Charles; HULME, David. *Beyond the new public management: changing ideas and practices in governance.* Massachusetts: Edward Elgar, 1998.

MINTZBERG, Henry. *Power in and around organizations.* Englewood Cliffs, NJ: Prentice-Hall, 1983.

MOE, Terry. The politics of structural choice: toward a theory of public bureaucracy. In: WILLIAMSON, Oliver. *Organization theory: from Chester Barnard to the present and beyond.* New York: Oxford University Press, 1995.

NAKAMURA, Robert T.; SMALLWOOD, Frank. *The politics of policy implementation.* New York: St. Martin's Press, 1980.

NEF, Jorge. Policy developments and administrative changes in Latin America. In: DWIVEDI, O. P.; HENDERSON, Keith (Eds.). *Public administration in a world perspective*. Ames: University of Iowa Press, 1990.

NORTH, Douglass C. *Institutions, institutional change and economic performance*. Cambridge: Cambridge University Press, 1990.

O'CONNOR, James R. *The fiscal crisis of the State*. New York: St. Martin's Press, 1973.

OAKERSON, Ronald J.; WALKER, S. Tjip. Analyzing policy reform and reforming policy analysis: an institutionalist approach. In: BRINKERHOFF, Derick W. (Ed.). *Policy analysis concepts and methods: an institutional and implementation focus*. Greenwich, CT: JAI Press, 1997.

OLSEN, Johan P. Administrative reform and theories of organization. In: CAMPBELL, Colin S. J.; PETERS, Guy (Eds.). *Organizing governance: governing organizations*. Pittsburgh: University of Pittsburgh Press, 1988. p. 233-254.

______; PETERS, Guy (Eds.). Lessons from experience: experimental learning in administrative reform in eight democracies. Scandinavian University Press, 1996.

OLSON, Mancur Jr. *The logic of collective action: public choice and the theory of the groups*. Cambridge: Harvard University Press, 1971.

PATTON, Carl V.; SAWICKI, David S. *Basic methods of policy analysis and planning*. Englewood Cliffs, NJ: Prentice-Hall, 1986.

PETERS, Guy. *The politics of bureaucracy*. New York: Longman, 1989.

______. Government reform and reorganization in an era of retrenchment and conviction politics. In: FARAZMAND, Ali (Ed.). *Handbook of comparative and development administration*. New York: Marcel Dekker, 1991.

______. Government reorganization: a theoretical analysis. In: FARAZMAND, Ali (Ed.). *Handbook of bureaucracy*. New York: Marcel Dekker, 1994. p. 165-182.

______; SAVOIE, Donald J. (Eds.). *Governance in a changing environment*. Montreal: Canadian Centre for Management Development, 1993.

______. Managing incoherence: the coordination and empowerment conundrum. *Public Administration Review*, v. 56, n. 3, p. 281-295, 1996.

PFEFFER, Jeffrey. *Power in organizations*. New York: Harper Business, 1981.

______. *Managing with power: politics and influence in organizations*. Boston: Harvard Business School Press, 1992.

_____; SALANCIK, Gerald R. *The external control of organizations: a resource dependence perspective*. New York: Harper and Row, 1978.

POLLITT, Christopher. *Managerialism and the public services: the Anglo-American experience*. Cambridge: Basil Blackwell, 1990.

_____. *Managerialism and the public services: cuts or cultural change in the 1990's*. Cambridge: Blackwell Business, 1993.

PRESSMAN, Jeffrey; WILDAVSKY, Aaron. *Implementation: how great expectations in Washington are dashed in Oakland*. Berkeley: University of California Press, 1984.

RAINEY, Hal G. *Understanding and managing public organizations*. San Francisco: Jossey-Bass, 1991.

REZENDE, Fernando. O crescimento (descontrolado) da intervenção governamental na economia brasileira. In: LIMA JR., Olavo Brasil; ABRANCHES, Sérgio Henrique (Coords.). *As origens da crise: Estado autoritário e planejamento no Brasil*. São Paulo: Vértice/Revista dos Tribunais, 1987.

REZENDE, Flavio da Cunha. Clinton e a reinvenção do governo federal: o *National Performance Review*. *Revista do Serviço Público*. Brasília, n. 1, p. 93-140, jan./mar. 1998.

_____. Organizações e respostas institucionais a políticas de reformas do Estado: um estudo de caso na administração direta do Executivo federal brasileiro. *Revista de Sociologia e Política*. Curitiba, n. 14, p. 119-138, jun. 2000.

_____. Políticas de controle dos gastos públicos e comportamento das organizações do governo: uma interpretação de arenas de políticas públicas. *Política Hoje*. Recife, n. 11, jul. 2001.

RIPLEY, Randall; FRANKLIN, Grace A. *Bureaucracy and policy implementation*. Homewood, IL.: Dorsey Press, 1982.

ROWAT, Macolm. Public sector reform in Latin American and Caribbean regions: issues-contrasts. *Public Administration and Development*, v. 16, n. 4, p. 397-412, 1996.

SAVOIE, Donald J. Globalization, nation states, and the civil service. In: SAVOIE, Donald J.; PETERS, Guy (Eds.). *Governance in a changing environment*. Montreal: Canadian Center for Management Development, 1995. p. 82-110.

SCOTT, W. Richard. *Institutions and organizations*. Thousand Oaks, California: Sage, 1995.

SCOTT, William G. *Organizations: rational, natural, and open-systems*. Englewood-Cliffs: Prentice-Hall, 1981.

SEIDLE, Leslie (Ed.). Rethinking government: reform or reinvention? Montreal: Institute for Research of Public Policy, 1993.

SEIDMAN, Harold. *Politics, position, and power: the dynamics of federal organization.* New York: Oxford University Press, 1998.

SELF, Peter. Redefining the role of the government. In: COALDRAKE, Peter; NETHERCOTE, J. R. (Eds.). *What governments should do?* Sydney: Hale & Iremonger, 1989.

SELZNICK, Philip. An approach to a theory of bureaucracy. *American Sociological Review*, v. 8, n. 1, p. 47-54, 1943.

_____. Foundations of the theory of organization. *American Sociological Review*, v. 13, n. 1, p. 25-35, 1948.

_____. *TVA and the grassroots*. New York: Harper and Row, 1949.

SIEGEL, Gilbert B. *The vicissitudes of governmental reform in Brazil: a study of the Dasp.* Washington: University Press of America, 1978.

SILLS, David L. *The volunteers: ends and means in a national organization*. Glencoe, IL: Free University Press, 1957.

SILVERMAN, Jerry M. Analyzing the role of the public sector in Africa: implications for civil service reform policies. In: BRINKERHOFF, Derick W. (Ed.). *Policy analysis concepts and methods: an institutional and implementation focus.* Greenwich, CT: JAI Press, 1997. p 159-186.

SIMON, Herbert. *Administrative behavior*. New York: Free Press, 1976.

STIGLITZ, Joseph. *Redefining the role of the State*. Tokyo: Miti Research Institute, 1998.

STONE, Deborah. *Policy paradox: the art of political decision-making*. New York: W. W. Norton, 1997.

TANZI, Vito; SCHUKNECHT, Ludger. *Public spending in the 20th century: a global perspective*. New York: Cambridge University Press, 2000.

THOMPSON, James D. *Organizations in action: the social science bases of administrative theory*. New York: McGraw-Hill, 1967.

_____; MCEWEN, William. Organizational goals and environment: goal-setting as an interaction process. *American Sociological Review,* v. 23, n. 1, p. 23-31, 1958.

TULLOCK, Gordon. *The politics of bureaucracy*. Washington, DC: Public Affairs Press, 1965.

TURNER, Mark; HULME, David. *Governance, administration and development.* Connecticut: Kumarian Press, 1997.

U.S. GOVERNMENT. National performance review: creating a government that works better and costs less. Washington, DC, 1993.

VAN DE VEN, Andrew H.; DELBECQ, André L. The coordination modes within organizations. *American Sociological Review*, v. 41, p. 322-338, Apr. 1976.

_____; WALKER, Gordon. The dynamics of interorganizational coordination. *Administrative Science Quarterly*; v. 29, n. 4, p. 598-622, 1984.

VAN EVERA, Stephen. *Guide to methods for students of political science.* Ithaca: Cornell University Press, 1997.

WAMSLEY, Gary L.; ZALD, Mayer M. *The political economy of public organizations.* Lexington, MA: Lexington Books, 1973.

WILLIAMSON, Oliver E. *Markets and hierarchies, analysis and antitrust implications: a study in the economics of internal organization.* New York: Free Press, 1983.

_____. *The economic institution of capitalism.* New York: Free Press, 1985.

_____. *The mechanisms of governance.* New York: Oxford University Press, 1996.

WILSON, James Q. *Bureaucracy: what government agencies do and why they do it.* New York: Basic Books, 1985.

WORLD BANK. *World Development Report.* (several issues).

Esta obra foi impressa pela
Parkgraf Editora Ltda. em papel off set
Master Set para a Editora FGV
em janeiro de 2004.